D1671730

Geest - Verlag

Für
Tim, Tom, Paul,
Titus &
Erich!

Daniela A. Ben Said

DABS-Verkauf
Durchdacht
Anders
Begeisternd
ÜberraSchend

Be different or die!
Leben Sie diese Devise
und verkaufen
Sie wirklich anders!

Deutsche Bibliothek - CIP-Einheitsaufnahme

Ben Said, Daniela A.: DABS-Verkauf.
Be different or die!
Vechta-Langförden: Geest-Verlag, 2007
5. Auflage, Dezember 2009

ISBN 978-3-86685-093-4

Geest-Verlag
Lange Straße 41 a
49377 Vechta-Langförden
Tel. 04447/856580
Fax: 04447/856581
Mail: Geest-Verlag@t-online.de
Internet: http://www.Geest-Verlag.de

Verkaufen! Seit Jahrtausenden betreiben Menschen schon Handel miteinander. Früher wurde Ware gegen Ware getauscht – heute wird eine Ware oder eine Dienstleistung gegen Geld getauscht. Nie zuvor war es wichtiger, die Kunden von sich zu begeistern und als Stammkunden zu gewinnen.

Oft frage ich in Seminaren VerkäuferInnen: „Warum soll ein Kunde (ein Privatmann oder ein Unternehmen) sein Geld bei Ihnen lassen!" Die häufigste Antwort ist: „Weil wir besser / anders / qualifizierter / freundlicher / zuverlässiger etc. sind!"

Doch sind Sie das wirklich?

Nach der Beschäftigung mit diesem Buch werden Sie WIRKLICH anders sein, denn Sie haben dann einen Reichtum an Informationen, Argumenten und Strategien – und in dem Wort ReichTUM steckt, die letzten drei Buchstaben rückwärts gelesen, die einzig dafür notwendige Zutat: MUT!

Mut, Begeisterung und Konsequenz sind die Dinge, die ich Ihnen von Herzen für Ihren Verkauf wünsche!

Ihre Daniela A. Ben Said

Inhalt

1. Einleitung

1.1 Warum DABS-Verkauf?

> **Das Geheimnis des Erfolgs?**
> **Anders sein als die anderen.**
> *WOODY ALLEN,*
> *US Drehbuchautor, Schauspieler und Regisseur*

Seit Ewigkeiten unterhalten Menschen Geschäftsbeziehungen und versuchen, andere auf sich aufmerksam zu machen, sie für sich und ihr Produkt zu vereinnahmen. In der heutigen Zeit sind Verkauf, Marketing und/oder eine Firmenpositionierung nur dann erfolgreich, wenn Sie wirklich anders sind und den Slogan leben: „Be different or die!" (englisch: „Sei anders oder sterbe!")

Vielleicht gehören Sie bereits zu den Topverkäufern, waren schon auf vielen Seminaren, haben Bücher und Hörbücher verschiedenster Autoren durchgearbeitet und stehen bereits in der Praxis. Vielleicht befinden Sie sich aber auch erst gerade am Anfang Ihrer Karriere als Verkaufstalent und beabsichtigen, richtig durchzustarten. Ganz gleich, an welcher Stelle Ihrer beruflichen Karriere Sie derzeit stehen – wir haben alle eine Gemeinsamkeit: Wir wollen unsere Kunden von uns begeistern.

Dieses Buch ist keine klassische Verkaufsschulung. Es geht weit darüber hinaus. Bei der klassischen Verkaufsorientierung gibt es eine grundsätzliche Regel:
Maske runter – Mensch raus.

Menschen wollen von Menschen begeistert werden. Die dabei gelehrten Techniken wie Kontaktaufnahme, Bedarfsanalyse, Abschlusstechnik usw. werden in diesem Buch nicht behandelt. Zu diesen Themen finden Sie viele andere gute Bücher, z. B. H. C. Altmanns: Kunden kaufen nur von Siegern.

Maske runter – Mensch raus.

Dieses Buch widmet sich hingegen der Kundenverblüffung.
Wir alle kennen die goldene Regel: Ein zufriedener Kunde teilt seine Zufriedenheit null bis drei Mal anderen mit – ein unzufriedener Kunde sagt es gleich 10 bis 18 Mal weiter.
Unser Kunde erwartet heute, dass wir wissen, was er erwartet.

Ein zufriedener Kunde sagt es null bis drei Mal weiter – ein unzufriedener Kunde sagt es gleich bis zu 18 Mal weiter!

Fragen Sie sich doch einmal selbst: „Wann wurde ich zum letzten Mal verblüfft?"
Ich bin mir sicher, es ist lange her. Doch selbst wenn diese Verblüffung lange zurückliegt, so erinnern Sie sich wahrscheinlich sehr genau. Die wichtigste Frage eines jeden Verkäufers muss also lauten: „Was kann mein Kunde heute Abend über mich erzählen?

Es ist traurig aber wahr, wir haben so viele Möglichkeiten, Kunden oder die Kunden unserer Kunden zu verblüffen und von uns reden zu machen – nutzen aber nur wenige dieser Chancen!

Was kann mein Kunde heute Abend über mich erzählen?

Wenn wir z. B. im Krankenhaus liegen – warum erhalten wir keinen Genesungsbrief von unserem Hausarzt oder von unserer Krankenversicherung?

Standardbriefe beginnen mit „Sehr geehrte Damen und Herren" oder mit einer neunstelligen Ziffer oder, noch schlimmer, mit einem HERR Daniela Ben Said, FRAU Max Muster... mein persönliches Highlight mit meinem Namen: Daniela BONSAI!

Weshalb fragt der Taxifahrer uns nie nach unserem bevorzugten Musik-Stil?

Warum dauert das Bezahlen im Restaurant oft länger als das Essen?

Wieso fragt der Schuhverkäufer immer, ob wir noch Imprägnierspray brauchen?

Wieso fragt die Rezeptionistin im 4-Sterne-Hotel auf meine Bitte, zahlen zu wollen: „Hatten Sie was aus der Minibar?"
„Wieso wird Toilettenreiniger in Urinfarbe hergestellt?"
Vielleicht fragen Sie sich jetzt aber auch kritisch: „Warum soll ich denn überhaupt meine Kunden verblüffen?

Das kostet ohnehin nur Zeit und Geld – und was habe ich davon?"

Die Antwort darauf ist einfach:

Das Produkt ist heute eher nebensächlich. Es ist in den meisten Fällen zu 100 % austauschbar.

Der Erfolg Ihres Unternehmens wird von zwei Faktoren bestimmt: von dem Kunden und von dem Produkt/von der Dienstleistung.
* Wenn Sie sich um den Kunden bemühen, kommt er zurück.
* Wenn Sie sich um Ihr Produkt kümmern, kommt es nicht zurück.
So einfach ist das und doch so schwer.
Richard Whiteley,
amerikanischer Unternehmensberater

Kunden sind nicht mehr nur zufrieden, wenn sie gute Produkte erhalten (was sie ohnehin erwarten, da sie diese Produkte auch bei der Konkurrenz bekommen). Kunden erwarten viel mehr von uns erstklassigen Service, ungeteilte Aufmerksamkeit und Begeisterung.
Erst dadurch wird Ihr Kunde auch nachhaltig an Sie gebunden. Vermeiden Sie also den schnellen „Einmalverkauf" nach dem Prinzip anhauen – umhauen – abhauen. Machen Sie wirklich von sich reden!

In Erinnerung bleiben positive Menschen, die zuversichtlich immer nach Lösungen Ausschau halten.

*Wenn die Deutschen eine Maschine bedienen sollen,
funkeln ihre Augen, wenn sie Menschen bedienen sollen,
sträuben sich ihnen die Haare!*
Günter Rexrodt,
ehemaliger Bundes-Wirtschaftsminister

Konkrete Gründe für DABS-Verkauf:

- Investitionen in Maßnahmen zur Kundenorientierung lohnen sich in der Regel immer: Es ist fünf- bis sechsmal teurer, einen neuen Kunden zu gewinnen, als einen Stammkunden zu halten (vgl. Whiteley/Hessan, 1996, Seite 200, sowie Zemke/Anderson, 1995, Seite 18).
- Mindestens jeder vierte unzufriedene Kunde wechselt sofort den Anbieter, wenn er eine bessere Alternative hat.
- Jeder zufriedene Kunde bringt mindestens drei weitere neue Kunden. Vor allem durch Weiterempfehlung von Stammkunden erhält man kostenlose Werbung. Zufriedene Kunden sind gerne bereit, ihre guten Erfahrungen weiterzugeben. Ein unzufriedener Kunde erzählt sein Negativerlebnis zehn weiteren potenziellen Kunden.
- Die Wiederverkaufsrate steigt, je vertrauter und zufriedener die Kunden mit den Leistungen ihres Lieferanten sind.
- Wenn Ihr Kunde Ihnen vertraut, prüft er Sie viel weniger.

- Stammkunden weisen eine geringere Preisempfind-
lichkeit als Neukunden auf.
- Kundenfreundliche Unternehmen können sogar hö-
here Preise verlangen als der Wettbewerb.
- Die Marketing- und Vertriebskosten zur Erhaltung der
Kundenbeziehung sinken und sie werden effektiver
genutzt. (Seiwert, 2005, S. 16)

Übersicht

Keine Kundenzufrieden-heit	Kundenverblüffung
Einmalkäufe	„Wiederholungstäter"
Unternehmens- und Markenwechsler	Stammkunde
Negativempfehlungen	positive Weiterempfehlungen

Weiterhin ist es wichtig, dass Sie sich als Verkäufer oder
auch als Unternehmen eine hohe Problemlösungskompetenz angewöhnen. Alleine damit können Sie sich bereits
von anderen Anbietern im Markt absetzen. Integrieren
Sie in Ihre eigenen Gedanken, in Ihr Team, in Ihr Unternehmen stets die Frage: „Wie können wir ein unter
Umständen auftauchendes Problem lösen?" (Konkrete
Lösungsstrategien sind bereits in meinem 1. Buch „Das
Wüstenseminar" beschrieben.)

Wie können wir das Problem lösen?

Wenn wir beginnen, unsere Kunden anders zu betrachten – nämlich immer nach dem Prinzip: „Wie kann ich die Probleme meiner Kunden gut lösen?" – dann ist der Kunde mit einmal mehr als nur ein Debitor.

Die nächste Frage, die Sie sich stellen müssen, wenn Sie sich von anderen Anbietern abheben wollen, ist: „Was verspricht mein Unternehmen dem Kunden? Kann ich das Versprechen einhalten?"

Was verspricht mein Unternehmen dem Kunden?

Oftmals haben wir eine Diskrepanz zwischen Werbung und Tatsächlichem. Der Quid agis-Slogan lautet zum Beispiel: *unerwartet *überraschend *anders. Und wir unternehmen alles, um diese Wörter mit Leben zu füllen – von der anderen Telefonmeldung über verrückte Toiletten (siehe S. 172) bis hin zu spontanen Briefen an unsere Kunden mit kleinen Überraschungen.

Übung:
Notieren Sie, was Ihr Unternehmen über Werbung, über Ihre Firmenphilosophie, Ihren Internetauftritt und/oder Presseaussagen dem Kunden verspricht!

Und wie sieht es mit der Umsetzung aus?

Jeder Mitarbeiter im Unternehmen muss über diese Versprechen informiert sein. Jeder Mitarbeiter ist jeden Tag für das Ansehen des Unternehmens durch die Kunden mitverantwortlich. Ein Kunde wird, im Fall der Unzufriedenheit, nicht sagen „Mitarbeiter XY ist arrogant!", sondern er wird immer feststellen „Das Unternehmen ZX ist arrogant!". Der Kunde unterscheidet nicht zwischen einzelnen Mitarbeitern und dem Unternehmen. Für den Kunden gilt: „Jeder einzelne Mitarbeiter ist das gesamte Unternehmen!"

Jeder einzelne Mitarbeiter ist das gesamte Unternehmen!

Wenn Sie also feststellen, dass Ihr Unternehmen dem Kunden gegenüber Versprechen gibt, die es nicht einhält – so ändern Sie es! Jetzt!
Es gehört oft mehr Mut dazu, seine Meinung zu ändern, als ihr treu zu leiben! Und immer gilt in allen zwischenmenschlichen Beziehungen: „Vergessen ist eine Form des Nein-Sagens!"

Vergessen ist eine Form des Nein-Sagens!

Bieten Sie Dienstleistungen über das Produkt hinaus an: Z. B. der Schuhverkäufer, der die Schnürsenkel gleich richtig bindet; der Lebensmittelmarkt, der eine täglich wechselnde Aktion zur Zubereitung des Mittagessens zeigt: „Was koche ich heute?"; die Apotheke, die Reise-Checklisten anbietet; das IT-Unternehmen, das eine

Sprache spricht, die ich auch verstehe; oder das Tele-kommunikationsunternehmen, in welchem ich zur Herstellung einer Verbindung bei Fragen an die Mitarbeiter nicht fünf Stunden mit Automaten in Telefonleitungen sprechen muss.

Folgenden Text las ich in einem Callcenter:

„Sonniges Wetter können wir unseren Kunden nicht versprechen – aber wir können versprechen, einen Schirm über sie zu halten, wenn es regnet!"

Versprechen Sie nur das, was Sie halten können – aber das mit aller Konsequenz!

Sonniges Wetter können wir unseren Kunden nicht versprechen – aber wir können versprechen, einen Schirm über sie zu halten, wenn es regnet!
Gesehen in einem Callcenter

Fazit zur Einleitung

Warum DABS-Verkauf?
Notieren Sie alle Argumente!

Was ist DABS-Verkauf?
Begeisterung, Überraschung, Verblüffung, Menschlichkeit, Humor, Offenheit, Kreativität, Mut, Wertschätzung, Verrücktheit, Motivation, Kundenbindung, Anderssein, ...

1. „Ein Fisch beginnt am Kopf zu stinken!" In Bezug auf die Kundenorientierung gilt, dass diese insbesondere durch die Geschäftsinhaber und Führungskräfte, also durch das sogenannte Top-Management, sowohl im Umgang mit Kunden als auch – und das ist fast noch wichtiger – im Umgang mit den Mitarbeitern gelebt wird. Ein Firmenchef kann nur schwer von seinen Mitarbeitern freundlichen und wertschätzenden Kundenumgang fordern, wenn er selbst seine Mitarbeiter nicht einmal grüßen kann!

2. „Du bist die Firma!" Jeder Mitarbeiter steht in der Verantwortung, wie Ihr Unternehmen sich im Markt platziert. Daher sind alle Mitarbeiter in die Kundenorientierung mit einzubeziehen und über die Inhalte der Kundenorientierung zu informieren!

3. Begeisterung und Motivation aller Mitarbeiter ist die erste Voraussetzung!

4. Nur wer ernsthaft Interesse an anderen Menschen hat, kann auch verblüffen!

5. Zufrieden sein ja – satt nie! Veränderungen und Kundenwünsche sind schnell zu erkennen und umzusetzen.

6. Führen Sie regelmäßige Kundenumfragen durch – nur so bleiben Sie am Ball und erfahren etwas über die Kunden(un)zufriedenheit! Orientieren Sie sich immer an den Kundenbedürfnissen.

7. Denken Sie immer über Ihr Produkt/Ihre Dienstleistung hinaus. „Was bewegt meinen Kunden im Leben sonst noch – und kann ich dafür auch Lösungen bieten?"

8. Konzentrieren Sie Ihre Kräfte auf Ihre individuellen Stärken und die Ihres Unternehmens.

9. Erweisen Sie den Menschen (bewusst schreibe ich hier nicht den Kunden – obwohl ich in diesem Buch diese in erster Linie meine) immer Respekt und Wertschätzung. Was Sie im Leben geben, bekommen Sie auch zurück („Gesetz der Resonanz")!

10. Denken Sie immer langfristig. Auch der Mensch, der jetzt noch nicht in Ihren Kundenkreis „passt", kann eines Tages dazugehören!

Grundsätzlich gilt es, die folgenden beiden Merksätze zu berücksichtigen:

„Werde nie zu groß für kleine Kunden!" *P. Underberg*

„Sei erfolgreich. Habe den Kopf in den Wolken, ziele zu den Sternen, reise auf den Mond – und bei allem: Behalte die Füße auf der Erde!" *D. Ben Said*

2.2 Die innere Einstellung

Ein Geschäft, das nur Geld einbringt,
ist ein schlechtes Geschäft.
Henry Ford
Gründer von Ford

Wichtig für die Kundenverblüffung ist die menschliche Einstellung. Sie müssen Menschen mögen, um sie zu berühren. Ihr Handeln, auch Ihr Verkaufshandeln, darf niemals in kaltes Kalkül ausarten, sondern der Kern muss menschliche Wertschätzung sein. Fragen Sie sich, ob der Kunde vielleicht als Ihr Feind dasteht!

Zino Davidoff äußert dazu:
„Ich habe kein Marketing gemacht, ich habe immer meine Kunden geliebt."

Ich habe kein Marketing gemacht, ich habe immer
meine Kunden geliebt.

„50% des Erfolges sind von Sympathie bestimmt – die restlichen 50% durch Leistung." *Daniel Zanetti*

Das bedeutet wirkliches Kundenmanagement (= Customer Relationship) kann nur der wirklich gut machen, der „Bock auf Menschen" hat!

Mögen Sie Menschen? Mögen Sie Ihre Kunden oder sind Sie eher von ihnen genervt?

20

Eine der wichtigsten Voraussetzungen, um immer wieder gute und neue Ideen zu entwickeln, ist die Fähigkeit, aus der Sicht des Kunden denken zu können. Fragen Sie sich weit über Ihre Leistungen/Produkte hinaus: „Welche Sorgen/Probleme/Ängste hat mein Kunde und wie kann ich sie lösen?"

Welche Sorgen/Probleme/Ängste hat mein Kunde und wie kann ich sie lösen?

Fragen Sie sich weiter: „Was erscheint Ihnen heute völlig unmöglich, für Ihre Kunden zu tun? Und wenn Sie zur Erfüllung dieser Vorstellungen jedes Geld der Welt hätten und Sie könnten es tun – wie würde dies Ihren Geschäftsbetrieb verändern?"

Prüfen Sie weiter Ihre innere Einstellung:
„Überrasche ich gerne?"
„Kann ich mich in das Leben anderer Personen versetzen? Will ich das überhaupt?"
„Bin ich bereit, in Kundenverblüffungsmaßnahmen zu investieren?" (Damit meine ich nur sekundär Geld, wie Sie im Laufe des Buches noch feststellen werden, sondern gemeint sind insbesondere Zeit, Gedanken und Kreativität.)

Bin ich bereit, in Kundenverblüffungsmaßnahmen zu investieren?

Fazit und Übungen zur inneren Einstellung

1. Welche Sorgen/Probleme/Ängste hat mein Kunde und wie kann ich sie lösen?

2. Überrasche ich Menschen gerne? Wenn nein, warum nicht?

3. Schreiben Sie bitte drei Beispiele auf, bei denen die Angst vor dem Versagen Sie daran gehindert hat, etwas zu tun, was Sie tun wollten.

4. Misserfolge sind oft unsere besten Lehrmeister. Aus jedem Rückschlag können Sie etwas lernen und darauf aufbauen. Nennen Sie drei Misserfolge, Enttäuschungen, die Sie erlebt haben und schreiben Sie nieder, was sie Ihnen gebracht haben.

5. Welche Ziele wollen Sie wirklich erreichen?

6. Was sind Sie bereit dafür zu tun?

7. Ist es realistisch? – falls nein: Ändern Sie Ihr Ziel so ab, dass es zu 50 % Aussicht auf Erfolg hat.

8. Was ist der erste Schritt, den Sie umsetzen?

9. Wann fangen Sie womit an?
   Selbstmanagement

Oft erlebe ich in Seminaren, dass Menschen an dieser Stelle sagen:

„Ach, Frau Ben Said, wir haben schon so viel gemacht ...“
„Die Kunden sind so undankbar und fordern immer mehr ...“
„Ich habe eigentlich gar keine Lust mehr, mich noch so reinzuhängen ...“

Genau an dieser inneren Einstellung scheitern oft Unternehmen. Mitarbeiter sind müde, ausgebrannt, die Energie ist weg.

> Müde macht uns die Arbeit, die wir liegenlassen, nicht die, die wir tun.
> Marie von Ebner-Eschenbach
> österreichische Schriftstellerin

Lernen Sie erfolgreiches Selbstmanagement (intensives Training dazu finden Sie in meinem Buch „Das Märchenseminar“).

Nennen Sie 10 Gründe, warum Sie von Ihrem Job begeistert sind:

1.

2.

3.

4.

5.

6.

7.

8.

9.

10.

Warum haben wir eine solche Aufgabe gemacht?

Richtig! Weg mit dem Blick auf das Negative im Leben – hin zum Blick auf das, was gut läuft.

In der Psychologie gilt folgender Satz: Beachtung bringt Verstärkung!

Beachtung bringt Verstärkung!

Das kennen Sie auch aus dem täglichen Leben. Wenn Sie ein Auto kaufen wollen, z. B. einen Smart, werden Sie feststellen, wie viele Smarts plötzlich auf den Straßen unterwegs sind. Liegt es daran, dass es auf einmal so viele Autos dieser Marke gibt? Nein, Sie achten jetzt nur verstärkt auf diese Automarke!

Wir Menschen werden leider groß mit der besonderen Beachtung der negativen Dinge in unserem Leben. Schon in der Schule wird immer rot angestrichen, was wir falsch machen – nie oder selten grün, was wir gut gemacht haben.

Wenn wir aber nur auf das in unserem Leben schauen, was negativ und schlecht ist, wird sich auch dieses Negative in unserem Leben verstärken – wir beachten es schließlich stärker.

Lenke ich meine Beachtung aber auf die Dinge, die in meinem Leben/meinem Job gut laufen, verstärkt sich der Blick auf das Positive – denn wir beachten es stärker. Fokussieren Sie Ihr Leben also auf die Dinge, die gut laufen, die Ihnen Spaß machen.

Finden Sie Dinge, die Sie begeistern. Ein Bild, einen Stein, ein Foto, eine gespeicherte SMS.

Holen Sie sich regelmäßig den Zauber des Anfangs wieder.

Im Herzen eines Menschen ruht der Anfang und das Ende aller Dinge.
Leo Nikolajewitsch Graf Tolstoi

Bei uns im Institut steht eine Kiste mit all den Dingen des Anfangs: Die erste selbstgedruckte Visitenkarte, die ersten Flyer – selbst auf dem PC gestaltet und im Copy-Shop auf oranges Papier kopiert, die erste Auftragsbestätigung, der Kontoauszug mit dem ersten Rechnungseingang. Können Sie sich noch daran erinnern, wie schön es war, das erste Gehalt zu erhalten? Natürlich sind auch alle weiteren Flyer in dieser Kiste, um auch die Entwicklung zu sehen. Jedes Mal, wenn einer aus dem Team müde ist, wühlen wir ein wenig in unserer Kiste. Es tut gut zu sehen, was wir schon alles geschafft haben.

Denken auch Sie wieder daran, wie aufgeregt Sie z. B. beim ersten Vorstellungsgespräch waren. Oder wie stolz waren Sie, als Sie Ihren ersten Kaufvertrag mit einem Kunden abgeschlossen hatten!

Damit ich mich in jedem Seminar an den Zauber des Anfangs erinnere habe ich immer etwas bei mir:

Meine Zündkerze!

Am 01.01.1998 galt mein Gewerbe als offiziell angemeldet. An diesem Tag war ich – noch etwas müde von der Silvesterfeier – an einer Tankstelle. Dort lagen am Tresen Zündkerzen. Ich fragte den Tankstellenmitarbeiter, ob er wüsste, wie oft in der Minute eine Zündkerze zünden würde. Er antwortete: „6000 Mal!"

Das begeisterte mich und an diesem Tag schwor ich mir, für meine Kunden am Tag auch 6000 Mal zu zünden! Als Symbol kaufte ich eine Zündkerze.

Die Zündkerze

Finden Sie die Begeisterung für Ihre Arbeit wieder oder verstärken Sie diese. Zünden Sie Ihre Zündkerze, indem Sie entdecken, was Ihnen an Ihrem Job gefällt.

Wenn Sie begeistern wollen – müssen Sie zunächst begeistert sein.

Obwohl ich meinen Traumjob gefunden habe, passiert es natürlich auch mir manchmal, dass ich meine ‚Bude' am liebsten in die Luft sprengen würde … Aber dann besinne ich mich und schaue auf meine Liste mit den 10 Gründen, warum mich meine Arbeit begeistert.

Probieren Sie es aus! Es wirkt.

Hier meine 10 Punkte:

1. Ich liebe es, Menschen motivieren zu können.
2. Es macht mir Spaß, Wissen weitergeben zu dürfen.
3. Mich begeistert es, Vorträge zu halten und Seminare zu geben.
4. Ich bin gerne selbstständig.
5. Ich habe eine Arbeit, mit welcher ich Geld verdienen und mir meine Existenz sichern kann.
6. Ich mag es, die täglichen Herausforderungen zu meistern.
7. Ich finde es gut, neue Arbeitsplätze zu schaffen.
8. Ich finde es gut, immer wieder neue und unterschiedliche Menschen kennen zu lernen.
9. Ich liebe es, unabhängig und frei zu sein.
10. Ich liebe es, Bücher zu schreiben.

Probieren Sie es aus, sich Ihrer Gründe zu erinnern, warum Sie Ihre Arbeit gerne mögen. Es wirkt!

Fazit zum Selbstmanagement

3. Die Vorbereitungen

Wenn du kritisiert wirst, musst du irgendetwas richtig machen – im Fußball greift man ja auch nur den an, der den Ball hat!
Bruce Lee
chinesischer Kampfsportler u. Philosoph

Damit Ihre Kundenverblüffung ein Erfolg ist, müssen Sie einiges grundsätzlich beachten:

1. Legen Sie sich einen Kundenordner an, in welchem alle Informationen, die Sie über den Kunden erhalten, von jedem Mitarbeiter eingetragen werden können.

2. Führen Sie eine Kundenprozess-Analyse: Wie sehen die typischen Abläufe einer Kundenanfrage aus? Ist sie kundengerecht?

3. Was bieten meine Mitbewerber? Welche Kundenaktionen führen diese bereits durch? Schreiben die Karten zum Geburtstag? Dann seien Sie anders – Sie schreiben Grüße zum Namenstag. Erfinden Sie sich täglich neu und seien Sie Erster in dem, was Sie tun! Wenn die anderen Sie dann nachmachen oder – noch besser – kritisieren, dann sind Sie wirklich erfolgreich!

4. Bei Beschwerden oder Kündigungen zeigen Sie sich top-professionell.

5. Schulen Sie sich und alle Mitarbeiter in Etikette? Etikette ist heutzutage schon ein Abgrenzungsmerkmal!

6. Integrieren Sie in Ihr gesamtes Unternehmen eine hohe Problemlösungskompetenz.

7. Denken Sie immer in Lösungen für Ihre Kunden und / oder für die Endkunden Ihres Kunden (insbesondere wenn Sie im ‚Business to Business'-Bereich arbeiten).

8. Haben Sie den Mut, wirklich anders zu sein!

Wenn Sie diese Bedingungen erfüllen, steht Ihnen und Ihrem Unternehmen nichts mehr im Weg, noch bekannter zu werden und sich noch besser zu positionieren.

Fazit zu den Vorbereitungen

4. Konkrete Aktionen

> Immer wenn Aristoteles eine gute Idee hatte, ließ er
> einen Ochsen schlachten. Seit dem haben leider alle
> Ochsen Angst vor guten Ideen!
> *Unbekannter Verfasser*

Beginnen Sie, an jeder Stelle Ihres Unternehmens wirklich anders zu sein.

4.1 Rechnungen & Mahnungen

Ein heikles Thema sind immer Rechnungen und Mahnungen. Zeigen Sie bereits hier, dass Sie innovativ sind:

**Zeigen Sie bereits bei den Rechnungen,
dass Sie anders sind!**

Rechnungen

Quid agis*
Am Hilgenstein 15, 49124 Georgsmarienhütte

XY GmbH
Martin Muster
Musterweg 7

12345 Musterstadt

Danke für die tolle Zusammenarbeit

Daniela A. Ben Said

Georgsmarienhütte, 00.00.2007

Bitte bei Überweisung immer angeben!

Re: 000/00/00XY

RECHNUNG

Sehr geehrter Herr Mustermann,
hiermit erlauben wir uns, unsere Leistungen wie folgt in Rechnung zu stellen:

Management-Coaching:
Motivations- u. Verkaufs-Training 00.00.00

Tageshonorar:	01x	2.200,00	€
Stundensatz:	00x	190,00	€
Vorbereitungskosten:		0,00	€
Reisepauschale:		0,00	€
Hotel:		0,00	€
Netto:		2.200,00	€
19% MwSt:		428,00	€
Brutto:		2.618,00	€

Bitte zahlen Sie den Betrag in Höhe von 2.618,00€ bis zum 00.00.2007 an unten stehendes Konto.

„Reich ist man erst dann, wenn man sich in seiner Bilanz um einige Millionen Dollar irren kann, ohne daß es auffällt."
Jean Paul Getty, 15.12.1892 – 05.06.1976, US Ölmagnat

So weit sind wir von Quid agis leider nicht ☺ Daher danke ich Ihnen für Ihre pünktliche Überweisung und insbesondere für Ihr Vertrauen!

Quid agis*
Daniela A. Ben Said

Und nicht vergessen: Sehr sympathisch ist ein Post-it mit handschriftlichen Grüßen von Ihnen/vom Chef persönlich. ACHTUNG: Der eine oder andere Leser mag jetzt denken: „Das ist ja viel zu viel Aufwand. Dafür habe ich gar keine Zeit ...“

Die Lösungen lauern überall!

Die Lösungen lauern überall; z. B. Ihre Buchhaltung schreibt die kleinen Zettelchen, Ihre Werbeagentur lässt diese Zettelchen vorbereiten, Ihre Azubis bereiten an einem Tag mehrere Hundert Zettel vor ...
Ausreden brauchen nur Schwache!

> Wer immer tut, was er schon kann, bleibt immer das, was er schon ist.
> *Henry Ford*
> *Gründer von Ford*

Mahnungen

Quid agis*
Am Hilgenstein 15, 49124 Georgsmarienhütte

XY GmbH
Martin Muster
Musterweg 7

12345 Musterstadt

Georgsmarienhütte, 00.00.2007

Betrifft:	über:	Mahnstufe:Re:
RE: 11/01/01XY	00,00€	1!
Vom:	00.00.2007	

„Wie kommt es eigentlich, dass am Ende des Geldes noch so viel Monat übrig ist?"
Anonym

Mahnung

Sehr geehrter Herr Muster,

unser Computer behauptet steif und fest, dass Ihre Zahlung der oben genannten Rechnung noch nicht eingegangen ist.

Wir können das gar nicht glauben, da wir Sie nur als zuverlässigen Partner kennen. Bitte überprüfen Sie Ihre Buchhaltung.

Vielleicht haben Sie ja tatsächlich übersehen, den ausstehenden Betrag in Höhe von 00,00€ an unten stehendes Konto zu überweisen. Bitte begleichen Sie den Betrag schnellstmöglich, um weitere Kosten zu vermeiden.

Vielen Dank!

Quid agis*
Daniela A. Ben Said

Quid agis*
Am Hilgenstein 15, 49124 Georgsmarienhütte

XY GmbH
Martin Muster
Musterweg 7

12345 Musterstadt

Georgsmarienhütte, 00.00.2007

Betrifft: über: Mahnstufe:
RE: 11/01/01XY   00,00€   2!
Vom: 00.00.2007

„Wenn du den Wert des Geldes kennenlernen willst, versuche, dir welches zu leihen
oder eine Rechnung pünktlich bezahlt zu bekommen."
Benjamin Franklin, 17.01.1706 - 17.04.1790, US-Staatsmann,
Ökonom und Naturforscher

Mahnung

Sehr geehrter Herr Muster,

leider mussten wir feststellen, dass die oben genannte Rechnung noch nicht beglichen wurde.

In der heutigen Zeit der Hektik kann man selbstverständlich so etwas schnell übersehen.

Bitte begleichen Sie den ausstehenden Betrag in Höhe von 00,00 € zzgl. 5,00 € Mahngebühren (insg. 00,00 €) innerhalb von 7 Tagen an unten stehendes Konto.

Sollten Sie Zahlungsschwierigkeiten haben, setzen Sie sich bitte mit uns in Verbindung – gemeinsam werden wir eine Lösung finden.

Im gegenseitigen Interesse hoffen wir auf baldige Erledigung dieser Angelegenheit – auch um weitere Unannehmlichkeiten zu vermeiden.

Vielen Dank und mit besten Grüßen!

Quid agis*
Daniela A. Ben Said

Am Hilgenstein 15, 49124 Georgsmarienhütte

XY GmbH
Martin Muster
Musterweg 7

12345 Musterstadt

Georgsmarienhütte, 00.00.2007

Betrifft:	über:	Mahnstufe:
RE: 11/01/01XY	00,00€	3!
Vom:	00.00.2007	

„Wenn man 50 Dollar Schulden hat, so ist man ein Schnorrer. Hat jemand 50.000 Dollar Schulden, so ist er ein Geschäftsmann. Wer 50 Millionen Dollar Schulden hat, ist ein Finanzgenie. 50 Milliarden Dollar Schulden haben - das kann nur der Staat."

Anonym

Mahnung

Achtung!
Letzte Mahnung
vor Inkasso !

Sehr geehrter Herr Muster,

auch nach zweimaliger Mahnung ist der offene Betrag in Höhe von 00,00 € zzgl. 5,00 € Mahngebühren noch nicht beglichen worden. Sie haben somit Schulden bei uns. Das macht uns sehr unzufrieden.

Wir möchten Sie daher ein weiteres und letztes außergerichtliches Mal ebenso höflich wie dringend bitten, Ihren Zahlungsverpflichtungen aus dem geschlossenen Vertrag nachzukommen!

Sollte die Summe von 00,00 € bis zum 00.00.2007 nicht beglichen worden sein, geht die Gesamtsumme der Forderung aus Ihrem Vertrag automatisch zur gerichtlichen Einforderung weiter!

Ist der Betrag bereits beglichen, betrachten Sie dieses Schreiben als erledigt.

Vielen Dank und mit besten Grüßen!

Quid agis*
Daniela A. Ben Said

Der Kunde erwartet Dienstleistung und er sucht das Erlebnis. Bieten Sie es ihm, sonst bieten es andere.

4.2 Geburtstagsanschreiben

Zeigen Sie auch bei den schon laufenden Aktionen, dass Sie verstanden haben, was Kunden wollen.

Versenden Sie bereits Geburtstagsanschreiben? Toll! Sie sind schon ganz vorne mit dabei. Wie viele verschiedene Anschreiben haben Sie? Oder bekommen Ihre Kunden jedes Jahr das gleiche Anschreiben? Hier erhalten Sie Ideen für die nächsten 10 Jahre:

Lieber Max!

"Das große Glück"

Das große Glück, noch klein zu sein,
sieht mancher Mensch so gar nicht ein
und möchte, dass er ungefähr
so sechzehn oder siebzehn wär.
Doch schon mit achtzehn denkt er halt,
wer über zwanzig ist, ist alt.

Kaum ist die Zwanzig knapp geschafft,
erscheint die Dreißig greisenhaft.
Und dann mit vierzig, welche Wende,
und dann die Fünfzig gilt beinah als Ende.

Doch nach der Fünfzig peu à peu,
schraubt er das Ende in die Höh.
Die Sechzig scheint noch ganz passabel
und erst die Siebzig miserabel.

Mit siebzig aber hofft man still,
ich werde achtzig, so Gott es will.

Und wer die Achtzig überlebt,
zielsicher auf die Neunzig strebt.
Dort angelangt, zählt er geschwind
die Leute, die noch älter sind.

Zu Deinem Geburtstag wünsche ich Dir von Herzen ein
herrliches neues Lebensjahr!

Deine Daniela

Lieber Max!

An Deinem Geburtstag …

solltest Du Dir ein wenig Zeit nehmen,

um auf die vergangenen Jahre zurückzublicken

und auf die kommenden Jahre zu schauen!

Irgendwo zwischen den Erinnerungen und

den neuen Hoffnungen liegt ein Moment …

in dem Du glücklich über die Tatsache sein solltest,

dass Du etwas ganz <u>Besonderes </u>bist!

Meinen aller ♥-lichsten Glückwunsch
zu Deinem Geburtstag!

Deine Daniela

Bemiss Deinen Garten nach den Blumen,
nie nach den Blättern, die da fallen.

Bemiss Deine Tage nach den goldenen Stunden,
erinnere Dich nie an die Wolken.

Bemiss Deine Nächte nach den Sternen,
nicht nach den Schatten.

Bemiss Dein Leben nach dem Lächeln,
nicht nach den Tränen.

Und nach der Freude an jedem Geburtstag
bemiss Dein Alter nach den Freuden,
nicht nach den Jahren.

Zu Deinem Geburtstag wünsche ich Dir das Allerbeste –
mit denen, die Dir wichtig sind.

Deine Daniela

Lieber Max!

Taucht sie zum ersten Male auf,
dann freust Du Dich und bist gut drauf.
Die Null beweist: Du bist fast groß,
Du fühlst dich einfach grandios.

Erscheint die Null zum zweiten Mal,
hast Du in vielem noch die Wahl.
Wie's künftig mit Dir weitergeht,
das meiste Dir noch offen steht.

Kommt dann die Null gleich nach der Drei
da glaubt man: Noch ist nichts vorbei.
Man plant die Zukunft unverzagt,
ist nach dem Lebensglück auf Jagd.

Kommt sie zum vierten Male dann,
fängt man schon leicht zu grübeln an.
Wenn man es nun genau bedenkt:
Die Möglichkeiten sind beschränkt.

Die Fünf mit einer Null gepaart,
da ist man noch recht gut in Fahrt.
Man weiß jetzt, besser wird es nicht,
und brav erfüllt man seine Pflicht.

Hängt sich die Null dann an die Sechs,
dann steuert man geradewegs
in etwas ruhigere Gefilde,
man wird nun weise und auch milde.

Steht eine Null nach einer Sieben,
wird kaum noch Aufhebens betrieben.
Man hat es schon verinnerlicht,
man ist nicht jung, doch alt noch nicht.

Die Null mit einer Acht im Bunde
verkündet man als frohe Kunde.
Seht her, ich bin voll Lebensmut,
es geht mir immer noch recht gut.

Schafft es die Null auch nach der Neun,
dann gibt es Grund, sich sehr zu freu'n.
Wenn man das Leben da noch mag,
ist voller Zauber jeder Tag.

Die Doppelnull – wenn sie erreicht,
nun wirklich einem Wunder gleicht.
Dazu gesund und guter Dinge,
ich wünsche, dass es Dir gelinge.

Deine Daniela

Lieber Max!

Glückwünsche

Weil Du heute Geburtstag hast, hoffe ich,

dass die Sonne den ganzen Tag scheinen wird;
dass die Vögel für Dich singen;
dass der Postbote Säcke voller Glückwünsche für Dich
bringt;
dass Dein Toastbrot nicht verbrannt war;
dass Dein Frühstücksei nicht zu hart war;
dass Dein Wagen sofort ansprang;
dass Du pünktlich zur Arbeit kamst;
dass Du eine Menge Geschenke bekommst;
dass Dir jemand Blumen schickt;
dass Du in Deiner Stammkneipe zu einer Runde
eingeladen wirst;
dass Dein Badewasser warm bleibt;
dass Dir die Seife nicht herunterfällt,
dass Dir jemand sagt, dass er Dich mag;
dass Dir viele Leute sagen, dass Du umwerfend bist;
und dass Du einen sehr schönen Geburtstag verlebst!

Dein Team von Quid agis*

Lieber Max!

Über's Älterwerden

Das große Glück, noch klein zu sein,
sieht mancher Mensch als Kind nicht ein
und möchte, dass er ungefähr
so 16 oder 17 wär'.

Doch schon mit 18 denkt er: „Halt!"
„Wer über 20 ist, ist alt."
Warum? Die 20 sind vergnüglich –
auch sind die 30 noch vorzüglich.

Zwar in den 40 – welche Wende –
da gilt die 50 fast als Ende.
Doch in den 50, peu à peu,
schraubt man das Ende in die Höh'!

Die 60 scheinen noch passabel
und erst die 70 miserabel.
Mit 70 aber hofft man still:
„Ich schaff' die 80, so Gott will."

Wer dann die 80 biblisch überlebt,
zielsicher auf die 90 strebt.
Dort angelangt, sucht er geschwind
nach Freunden, die noch älter sind.

Doch hat die Mitte 90 man erreicht
– die Jahre, wo einen nichts mehr wundert –
denkt man mitunter: „Na – vielleicht
schaffst du mit Gottes Hilfe auch die 100!"

Geburtstag ist schon wieder da ... Happy Birthday

Dein Quid agis* Team

Liebe Maxi!

Die Altersstufen

Bei denen um zehn
Wird man erst sehn

Die um die zwanzig
Zieht Männer an sich

Die um die dreißig
Flirtet sehr fleißig

Die um die vierzig
Emanzipiert sich

Die um die fünfzig
Mag es recht zünftig

Bei denen um sechzig
Widerspruch rächt sich

So um die siebzig
Das meiste gibt sich

Bei denen um achtzig
Verflüchtigt die Pracht sich

Jene um neunzig
Fühlen allein sich

Bei denen um hundert
Ist alles ein Wunder!

Viele schöne Momente voller Wunder – besonders heute,
an Deinem Geburtstag!

Ich denke an Dich!

Daniela

Lieber Max!

Mach weiter so

Was immer man auch angestrebt,
wer ___ wird, hat viel erlebt.
Mal ging es runter und mal rauf,
so ist nun mal der Lebenslauf.

Nimm's einfach, mach so weiter,
nimm's einfach und bleib heiter!
Wir wären alle wirklich froh,
bliebst Du für uns noch lange so.

Mach weiter so, wie wir Dich lieben,
denn Du bist einfach jung geblieben.
Dein Herz hat seinen frohen Klang
behalten all die Jahre lang.

Das ist es, was die Freunde heut',
zum neuen Lebensjahr so freut:
Dass Deines Herzens Heiterkeit
Dich jung erhält noch lange Zeit!

„Das Leben ist schön!" ☺
Alles alles Liebe zu Deinem Geburtstag!

Deine Daniela

Lieber Max!

Lebensrezept

Alt macht nicht die Zahl der Jahre,
alt machen auch nicht die grauen Haare.

Alt ist, wer den Mut verliert
und sich für nichts mehr interessiert.

Drum nimm alles mit Lust und Schwung,
dann bleibst Du auch im Herzen jung.

Gesundheit, Freude, Glück auf Erden,
sind das Rezept, um alt zu werden.

Und wenn dieser kleine Brief zu Deinem Geburtstag Dir
eine kleine Freude bereitet, ist das schon eine der
Zutaten für das Rezept.

Das ganze Quid agis* Team denkt gerade an Dich!

Herzlichen Glückwunsch!

Quid agis*

Lieber Max!

Geburtstag ist schon wieder da,
der gleiche Scheiß wie letztes Jahr.
Horden kommen angerannt,
schütteln Dir wie blöd die Hand,
küssen und umarmen Dich,
ach wie ist das widerlich!
Tätscheln süßlich Deine Wange,
da wird Dir mit Recht ganz bange,
und jeder gar ein Sprüchlein weiß –
mein lieber Mann, is' dat'n Scheiß.

Doch es kommt ja noch viel schlimmer:
Denn hast Du sie erst mal im Zimmer,
dann fängt ein großes Tratschen an,
man spricht vom Geld, vom Kind, vom Mann.
Und zwischendurch wird eingestreut,
hast Du nicht dies und das bereut,
was da so im vergangenen Jahr
an Schwierigkeit zu regeln war?
Kurzum man rädert Dich mit Fleiß –
mein lieber Mann, is' dat'n Scheiß.

Beinah' hätt' ich noch vergessen:
Die woll'n ja alle auch was essen!
Da Du den Ablauf ja schon kennst,
jetzt schnurstracks in die Küche rennst,
um für die buckligen Kadetten,
die blöden und auch für die netten,

den Mampf zu holen – kalt und heiß –
mein lieber Mann, is' dat'n Scheiß.

Damit auch wirklich jedermann
den Futtersack sich vollhau'n kann,
sind die Portionen, das ist klar,
noch größer als im letzten Jahr.
Jetzt sieht man alle emsig kauen,
man hört ein heimliches Verdauen,
nur einer schreit noch nach mehr Reis –
mein lieber Mann, is' dat'n Scheiß.

Kaum dass alle abgefüllt,
man schon nach was zu saufen brüllt.
Hier zeigt sich jetzt Organisation,
denn Deine Schluckis kennst Du schon,
zuerst kommen die leichten Sachen,
die reichen grad' zum Muntermachen.
Doch richtig fetzig wird's erst dann,
wenn man auch Schnäpse saufen kann.
Dazu noch Bier, gleich kastenweis' –
mein lieber Mann, is' dat'n Scheiß.

Bald hörst Du nur noch stöhn und lall,
dann weißt Du, jetzt sind alle prall!
Der eine ist im Suff ganz still,
die andre schreit, und zwar ganz schrill.
Ein Dritter weint still in sein Kissen,
ihm geht es plötzlich ganz beschissen,
weil er nicht mehr weiter weiß –
mein lieber Mann, is' dat'n Scheiß.

Der Morgen bricht schon langsam an,
auf der Toilette bricht ein Mann.
Jetzt heißt es mutig zuzupacken,
sonst woll'n sie auch noch bei Dir knacken.
Mit sehr viel List und noch mehr Tücke,
sagst Du jetzt jedem: Mach 'ne Mücke.
Und vorsichtig, mit viel Gespür,
schiebst Du den letzten aus der Tür.
Der schaut Dich an und sagt betroffen:
Junge, bin ich heut besoffen,
dann wird ihm schlecht, Dir wird ganz heiß –
mein lieber Mann, is' dat'n Scheiß.

Dann machst Du leis' die Türe zu
und weißt, jetzt hast Du Deine Ruh.
Ein letzter Blick ins Partyzimmer,
der Saustall wird auch immer schlimmer,
voll Grausen wendest Du Dich ab,
für heute reicht's, und nicht zu knapp.
Noch ein kurzer Spiegelblick,
Du prallst fast vor Dir selbst zurück:
Die Augen rot, die Haut ganz weiß –
mein lieber Mann, is' dat'n Scheiß.

Jetzt schmeißt Du Dich auf die Matratzen,
um augenblicklich einzuratzen,
und noch im Traum da wird Dir klar,
jetzt hast Du Zeit bis nächstes Jahr!!!
Dann treffen sich hier wieder alle,
Kleine, Große, Dünne, Dralle,
mit irrem Blick und leerem Magen,
sind sie bereit voll zuzuschlagen.

Auf Deiner Stirne perlt der Schweiß –
mein lieber Mann, is' dat'n Scheiß!

Lieber Max ... nicht ganz ernst gemeint –
nimm's mit Humor.
Stell Dir vor, Du öffnest langsam ein Tor ...
und stellst fest:
Du sitzt bei uns im Fitness-Test.

All der Graus erst gar nicht passiert,
weil Du hast bei uns den Tag trainiert!

Wir wünschen Dir einen tollen Geburtstag und freuen
uns auch an Deinem Geburtstag besonders auf Dich!!!☺

Dein Power-Team

Lieber Max!

Wie gerne möchte ich Dir Zeit schenken,
so viel Zeit wie Du brauchst, um
ruhig und gelassen durchs Leben zu gehen.
Zeit, einfach einmal nichts zu tun,
Zeit , Dich zu pflegen und auszuruhen,
Zeit, um ein Buch zu lesen oder
jemandem eine Freude zu machen,
Zeit, die Schönheit der Natur wahrzunehmen –
die Anmut einer Blüte, die ungebändigte Kraft
eines Gewitters, das Glitzern eines Regentropfens.

(aus „Zum Geburtstag wünsch ich Dir"
von Claudia Meißner)

Quid agis*

4.3 Namenstagsanschreiben

Wir von Quid agis versenden nicht nur Geburtstagsanschreiben! Wir versenden auch Anschreiben zum Namenstag. Orientiert haben wir uns dabei am katholischen Namenstagskalender – es freut sich aber jeder
darüber, gleich welcher Konfession er ist.

Im Anhang finden Sie Namenstage kalendarisch sortiert
(ohne Anspruch auf 100%ige Vollständigkeit).
Unter www.katholisch.de finden Sie eine weitere Samm-
lung wichtiger Namenstage) und die Bedeutungen der
einzelnen Namen.

So sieht unser Anschreiben aus:

Liebe Margarete!

Alles Gute zum Namenstag!

Margarete, 20.07.2007
Ihr Name kommt aus dem Altgriechischen
und bedeutet:

„die Perle"

„Es kehre noch oft dieser Tag Dir zurück
Und schmücke mit Freuden Dein Leben;
Es möge Dich immer das heiterste Glück
Begrüßen und lächelnd umschweben.

Dann fühlen wir alle uns innig beglückt
Und heiterer glänzt uns das Leben:
Wir sehen entgegen dem Tage entzückt,
Der Dir seinen Namen gegeben."

Zu Ihrem Namenstag wünschen wir Ihnen das
Allerbeste!

Ihre Daniela und das ganze Quid agis* Team

4.4 Kundenanschreiben

Lassen Sie sich auch bei Ihren Kundenanschreiben immer etwas Besonderes einfallen. Hier sehen Sie viele Entwürfe, wie wir unsere Kunden immer wieder begeistert haben und begeistern:

4.4.1 Weihnachten

Dezember 2001

Lieber Herr Mustermann!

... wie die Zeit vergeht!
Schon ist das Jahr 2001 fast herum. Mit seinen vielen spannenden, freudigen, traurigen und aufregenden Ereignissen.

Wem danke ich 2001? Sofort habe ich dabei an Sie gedacht!

Vielen Dank für die spannende, interessante und freudige Zusammenarbeit mit Ihnen.

Der „erste" Euro soll Ihnen Glück, Glück und nochmals Glück im Jahr 2002 bringen.

Mit den besten Grüßen!

Daniela Ben Said

Anlage: 1 €

Sehr geehrter Herr Mustermann!

... wie die Zeit vergeht!

Schon ist das Jahr 2002 fast herum. Mit seinen vielen freudigen, traurigen und aufregenden Ereignissen.

Wem danke ich 2002? Sofort habe ich dabei an Sie gedacht!

Vielen Dank für die spannende, interessante und freudige Zusammenarbeit mit Ihnen.

Lassen Sie auch 2003 die Funken sprühen ... auf dass sich alle Ihre Wünsche erfüllen!

Frohe Weihnachten und ein tolles Jahr 2003!

Daniela Ben Said

Anlage: Wunderkerzen

„Christmas – Shopping in London"

Sehr geehrter Herr Mustermann!

Vielleicht denken Sie jetzt: „Ist das nicht ein bisschen früh für Weihnachtspost?!"

Sie haben recht ... dennoch ist das Jahr 2003 fast herum. Mit seinen vielen freudigen, traurigen und aufregenden Ereignissen.

Jedes Jahr wieder stelle ich mir die Frage, wem ich wie danken kann.

Dieses Jahr habe ich mir für meine besten Geschäftspartner etwas ganz Besonderes einfallen lassen ... sofort habe ich dabei an Sie gedacht!

Ich lade Sie ein, am 09.12.2003 Ihre Weihnachtseinkäufe in London zu tätigen.

Wir fliegen vom Flughafen Münster und verweilen einen Tag in London!

Shoppen, bummeln, staunen, schauen, lachen, mal wieder durchatmen und genießen!

Nehmen Sie sich einen Tag eine Auszeit – melden Sie sich an und fliegen Sie mit zum „Christmas – Shopping nach London"!

Ich freue mich auf einen tollen Tag mit Ihnen!

Ihre Daniela Ben Said

... die Seele baumeln lassen, staunen, lachen, erleben,
Freude, fröhlich sein, gut Essen, verwöhnen lassen ...

Sehr geehrter Herr Mustermann!

Vielleicht gehören Sie auch zu den Menschen,
die über ihre Schulter schauen und denken:

„Schon wieder ist das Jahr herum ... wo ist denn bloß die Zeit
geblieben?!"

Weihnachten steht vor der Tür ... Silvester ... Das ist für mich immer die Zeit, den Menschen zu danken, die mit mir durch ein spannendes Jahr gegangen sind!

Dazu gehören Sie!

Auch Ihnen sage ich von Herzen „Danke" für die gute Zusammenarbeit!

Aus diesem Grund lade ich Sie ein, vom 27.11. – 28.11.2004 mit
mir ein schönes Wochenende in Hamburg zu verleben.

Wir fahren vom Osnabrücker Bahnhof ab und übernachten in einem
schönen Hotel ... mehr wird nicht verraten!

Atmen Sie noch einmal durch, bevor die Weihnachtsvorbereitungen
so richtig losgehen – melden Sie sich an und begleiten Sie mich!

Ich freue mich auf ein tolles Wochenende mit Ihnen!

Ihre Daniela Ben Saïd

... 2002 Remarque, 2003 London, 2004 Hamburg ..., 2005 ...?

Sehr geehrter Herr Mustermann!

Kennen Sie das?
Jedes Jahr wieder steht Weihnachten ganz plötzlich im Kalender!

Es ist fast schon ein Ritual, dass wir zu dieser Zeit etwas
Schönes gemeinsam unternehmen!

Warum?
Sie sind wieder ein gemeinsames Jahr mit mir gegangen ...

Es gab viel in diesem Jahr:
Herausforderungen, Erfolge, Bewegendes, Spannendes – eben all
das, was ein Leben so ausmacht!

Es liegt mir am Herzen, mich bei Ihnen
für die gute Zusammenarbeit zu bedanken!

Aus diesem Grund lade ich Sie ein, am 25.11.2005 um 19.00 h im
„La Vie" in Osnabrück einen schönen Abend zu verbringen!

Keine Reise dieses Jahr? Lassen Sie sich überraschen ...
Atmen Sie noch einmal durch, bevor die Weihnachtsvorbereitungen
so richtig losgehen!

Ich freue mich auf einen tollen Abend mit Ihnen!

Ihre Daniela Ben Said

Ablauf:
Hummer-Business-Dinner mit Etikette-Trainer
Danach: Kutschfahrt durch die Stadt mit anschließender Kirchturm-
besteigung und Feuerwerk

Frauen:

- Fitnessstudio-Trainings ABO
- Solarienkarte mit xy Wert verpackt mit kleinen Pröbchen
- Massagen, verpackt ‚mit Massageöl
- Kinogutschein verpackt mit einem Becker voll Popkorn
- Friseurgutschein verpackt mit eine Frisurenzeitschrift oder einer Haarbürste
- Kosmetikgutschein verpackt mit einer schönen Creme
- Gutschein für ein Wellnesswochenende
- Einladung zu einer Weinverkostung
- Erlebnistouren (eine Kanufahrt, Kletterpark, Bungeejumping, Floßfahrt auf der Talsperre)
- Kochkurs verpackt mit einem Kochlöffel
- Gutschein für Babysitting verpackt mit einem Schnuller
- Gutschein für einen Tanzkurs in der Tanzschule verpackt mit einer DVD eines Tanzfilms
- Gutschein zur Übernahme der Kosten für die nächste TÜV – Untersuchung
- Benzingutschein verpackt mit einem Spielzeugauto
- Ein selbstgemachter Kalender 2008
- Ein Themenkalender 2008 (jeder Monat enthält eine Überraschung z.B. Wanderung, Massage,…)

- Fotoalbum unter www.fotobuch.de
- Portraitfoto vom Fotografen
- Gutschein für erotische Fotos unter **www.Sahnefotos.de**
- Etwas getöpfertes vom Töpfer
- Weinflasche mit persönlichem Aufdruck, dazu zwei Weingläser
- Weinbesteck
- Weinständer
- Portemonnaies
- Ein Schreibset mit persönlicher Gravur
- Persönliche Visitenkarten drucken lassen
- Parfum, Showergel, Bodylotion („Sunset" by Naomi Campbell)
- Ein Buch Cecilia Ahern – „Für immer vielleicht" (geeignet für junge Frauen/Mädchen)
- Buch „Schokolade zum Frühstück"
- Buch **www.personalnovel.de**
- Rezeptbuch
- Selbsthergestellte CD mit Lieblingsliedern
- CD der Lieblingsband
- DVD – box der Lieblingsserie
- DVD – Player
- Digitalkamera
- Musicalkarten
- Theaterkarten
- Konzertkarten
- Karten für Holiday on Ice
- Küchenutensilien (die neue Einmannkaffemaschine von WMF)

- Cocktailzubehör mit Rezeptbuch für Cocktails
- Fondue – Set
- Terminkalender 2008
- Zeitschriftenabo
- Dessous
- Kleidung
- Bedrucktes T-Shirt mit besonderem Foto (Rossmann)
- Bedruckte Tasse mit Foto (Rossmann)
- Puzzle aus eigenem Foto (Rossmann)
- Eine Reise
- Schmuck
- Ein Handwerkerinnenseminar
- Handtasche
- Candlelightdinner
- Ein begrenztes Guthaben für ein Schuhhaus
- PKW – Innenreinigung
- Komplettreinigung fürs Auto
- Gutschein für eine Reinigungsfirma zum Fensterputzen
- Präsentkorb
- ADAC-Mitgliedschaft
- Gourmetführer
- Städtetour verpackt mit Städteführerhandbuch
- Gutschein für einen Ballonflug
- Armband oder Armbanduhr mit Gravur
- Jahresabo für einen monatlichen Blumengruß
- Tenniskurs, Skikurs, Surfkurs, Schwimmkurs, Selbstverteidigungskurs
- Gutschein für einen Kurs an der Volkshochschule

- Tier (Hund, Katze, Hase, Hamster) ACHTUNG – gut überdenken!!!
- Gutschein für 1. Hilfe – Kurs
- Persönlicher Brief, in dem man schreibt, was man an der Person besonders findet

Männer:

- Fitnessstudio-Trainings ABO
- Solarienkarte mit xy Wert verpackt mit kleinen Pröbchen
- Massagen, verpackt ‚mit Massageöl
- Kinogutschein verpackt mit einem Becker voll Popkorn
- ADAC Mitgliedschaft
- Benzingutschein
- Restaurantgutschein
- Gourmetführer
- tädtetour mit Städteführerhandbuch
- DVD – Player
- DVD – Box der Lieblingsserie
- Uhr mit Gravur
- Guinessbuch der Rekorde
- Fachbücher in den Bereichen Beruf oder Hobby
- Buch von **www.personalnovel.de**
- Ein selbst gemachter Kalender für 2008
- ein Themenkalender 2008 (jeder Monat enthält eine Überraschung z.B. Wanderung, Massage, …)
- Themenkalender unter **www.snapfish.de**

- Themenfotoalbum
- Portraitfoto vom Profifotografen
- Familienbild im Rahmen
- Friseurgutschein verpackt mit einer Frisurenzeitschrift oder einer Haarbürste
- Einladung zu einer Weinverkostung
- Erlebnistour im Harz (eine Kanufahrt, Kletterpark, Bungeejumping, Floßfahrt auf der Talsperre),
- Kochkurs
- Gutschein für einen Tanzkurs in der Tanzschule verpackt mit einer DVD eines Tanzfilms
- Sportwagen für ein Wochenende mieten
- Ein Langersehntes Handwerksgerät
- Eintrittskarten für eine Sportveranstaltung (Fußball, Basketball, Hockey,...)
- Persönlicher Brief, in dem man schreibt, was man an der Person besonders findet
- Hemd, Krawatte, Gürtel, Hut, Schirm
- Unterwäsche
- Werkzeugkoffer, Werkzeuggürtel
- Pflegeset mit Rasierer, Rasierschaum, Aftershavecreme
- Guter Cognac
- Fahrt auf dem Nürburgring
- Fahrt mit einem Rallyewagen
- Angelutensilien
- Gutschein zur Übernahme der Kosten für die nächste TÜV-Untersuchung
- Bierset
- Portemonnaies

- Ein Schreibset mit persönlicher Gravur
- Persönliche Visitenkarten drucken lassen
- Parfum, Showergel, Bodylotion
- Selbst hergestellte CD mit Lieblingsliedern
- CD der Lieblingsband
- Digitalkamera
- Musicalkarten
- Theaterkarten
- Konzertkarten
- Fettanalysewaage
- Küchenutensilien (die neue Einmannkaffeemaschine von WMF)
- Cocktailzubehör mit Rezeptbuch für Cocktails
- Terminkalender 2008
- Zeitschriftenabo
- Präsentkorb
- Sportbekleidung
- Handwerkerseminar
- PKW – Innenreinigung
- Komplettreinigung fürs Auto
- einen Gutschein für einen Ballonflug
- Tenniskurs, Skikurs, Surfkurs, Schwimmkurs, Selbstverteidigungskurs
- Gutschein für einen Kurs an der Volkshochschule
- Ein Tier (Hund, Katze, Hase, Hamster) ACHTUNG – gut überdenken!!!
- Gutschein für 1.Hilfe – Kurs
- Computerspiele, Playstationspiele
- Einen Weihnachtsbaum selbst schlagen dürfen – für den Beschenkten kostenlos

- o Weitere Geschenketipps finden Sie unter:
- o **www.geschenketipp.com**
- o Bedrucken verschiedener Artikel (Nüsse, Steine, Li-
  neale, uvm unter **www.ddd-druck.de**)

4.4.2 Jahresstart

Rezept fürs neue Jahr

Man nehme 12 Monate, putze sie ganz sauber von Bitterkeit,
Geiz, Intoleranz und Angst.

Dann zerlege sie man jeden Monat in 28, 30, oder 31 Teile,
so dass der Vorrat genau für ein Jahr reicht.

Es wird jeder Tag einzeln eingerichtet mit einem Teil Arbeit,
zwei Teilen Frohsinn und Humor.

Man füge drei gehäufte Esslöffel Optimismus, einen Teelöffel
Toleranz, ein Körnchen Ironie und eine Prise Takt hinzu.

Dann wird die Masse mit reichlich Liebe übergossen.

Das fertige Gericht schmücke man mit einem Sträußchen
Aufmerksamkeit und serviere es täglich mit Heiterkeit.

4.4.3 Event

Einladung zu der „1. Quid – agis – Erlebnis – Nacht"

Sehr geehrter Herr Mustermann!

Lassen Sie sich aus dem Alltag entführen ...

Erleben Sie ...
einen spannenden Vortrag (ich werde Sie überraschen)!

Genießen Sie ...
nette Menschen und ein leckeres Buffet!

Spüren Sie ...
das gute Gefühl, etwas für sich zu tun!

Ganz herzlich lade ich Sie zu meiner
„Quid – agis – Erlebnis – Nacht"
am 28.02.2003 von 18.00 – 22.00h
im Hotel Remarque in Osnabrück ein!

Bitte melden Sie sich telefonisch oder per Fax
bis zum 20.Februar 2003 an!

Ich freue mich sehr auf Sie!

Mit besten Grüßen.

Daniela Ben Said

„6 Fliegen mit einer Klappe"

Wir feiern:
* Haus- und Büro-Einweihung
* Die rechtzeitige Weihnachtsfeier
* Das 2. Buch
* Das völlig verspätete Sommerfest
* Die Baugenehmigung für unseren großen Seminarraum „Wintergarten" (endlich!!!)
* Das spannende Jahr 2006

Unsere „6 Fliegen mit einer Klappe-Party" (6F-MEK-Party) findet statt:
Motto: „all is white"
Am: 25.11.2006
Um: 19.30 h bis unendlich ...
Wo: In unseren neuen Räumlichkeiten
           „Am Hilgenstein 15, 49124 Georgsmarienhütte"

Bitte bringen Sie mit:
* Hunger * gespannt-sein-auf-das-was-da-kommt * Durst - viel Durst * gute Laune * Neugier * Lachen-bis-dir-das-Gesicht-weh-tut-Stimmung * Ihre Freunde * Spaß * Ihr Tanzbein * Nette-Leute-kennen-lernen-wollen * an-der-Bar-lehnen * Ihr geselliges Ohr * Musikfreude * Erinnerungen, um darüber zu plaudern * alles, was ein gelungenes Fest braucht

Liebe Frau Mustermann, Sie sind herzlich eingeladen – ich freue mich auf Sie!

Ihre Daniela A. Ben Said

„6F-MEK-Party"

Nicht vergessen!!!!

Unsere 6F-MEK-Party findet statt:

Am: 25.11.2006
Um: 19.30 h bis unendlich ...
Wo: In unseren neuen Räumlichkeiten

„Am Hilgenstein 15, 49124 Georgsmarienhütte"

Bitte bringen Sie mit:
* Hunger * gespannt-sein-auf-das-was-da-kommt * Durst - viel
Durst * gute Laune * Neugier * Lachen-bis-Ihnen-das-Gesicht-weh-
tut-Stimmung * Ihre Freunde * Spaß * Ihr Tanzbein * Nette-Leute-
kennen-lernen-wollen * an-der-Bar-lehnen * Ihr geselliges Ohr *
Musikfreude * Erinnerungen, um darüber zu plaudern * alles, was
ein gelungenes Fest braucht

Motto des Abends:
* all is white – bitte tragen Sie weiße Kleidung.

Haben Sie sich schon angemeldet? Per Anruf, Fax, Brief, Rauchzei-
chen (bitte leserlich), Postkutsche, Fahrradkurier oder persönlich!

Liebe Frau Mustermeyer, Sie sind herzlich eingeladen – ich freue
mich auf Sie!

Daniela A. Ben Said

P.S.
Ab 1.00 h – 3.00 h fährt stündlich ein Quid-agis-Late-night-Taxi
zum Rosenplatz nach Osnabrück!

„6F-Mek – all is white"

…es war herrlich…

All' das war da:

* Hunger * gespannt-sein-auf-das-was-da-kommt * Durst - viel
  Durst * gute Laune * Neugier
* Lachen-bis-Ihnen-das-Gesicht-weh-tut-Stimmung * Ihre Freunde
  * Spaß * Ihr Tanzbein
* Nette-Leute-kennen-lernen-wollen * an-der-Bar-lehnen * Ihr
  geselliges Ohr * Musikfreude
* Erinnerungen, um darüber zu plaudern * alles, was ein gelungenes
  Fest braucht

Genießen Sie die Eindrücke von unserer Foto-CD.

Liebe Familie Muster, DANKE, dass Sie mein Gast waren!

Ihre Daniela A. Ben Said

Anlage: Foto-CD

„10 Jahre Quid agis*" – wir feiern Geburtstag!

Lieber Max!

„10 Jahre junges, qualifiziertes Coaching-Institut sucht partybereite Gegenstücke, um eine ordentliche Feier hinzulegen. Du solltest zwischen 16-100 Jahren alt sein, Spaß an Tanzen, Essen, guter Musik und netten Menschen haben. Gar nicht mag ich: schlechte Laune! Wenn du dich also von mir angesprochen fühlst, würde ich mich über die Zusage zur Party mächtig freuen!

Wir laden dich, lieber Max, ganz ♥-lich ein,
mit uns unseren 5. Geburtstag zu feiern!
Wann?   Am 01. November 2006, ab 20°° Uhr

Wo?   Quid agis*

Was erwartet dich?
Gute Stimmung, viel Tanzen, Essen, Trinken, mit netten Menschen plaudern, gemütlich an der Bar stehen, über alte und neue Zeiten quatschen, Spaß, einfach mal raus aus dem Alltag,
tolle Musik von der Band „Sicks & Stone" und vieles mehr!

Wie bist Du dabei?
Anmelden (telefonisch oder per Fax),
Abholen der Eintrittskarte für 0,00€ bei Quid agis, Termin merken und am 01.11.2006 zu Quid agis* fahren/ gehen/joggen/skaten/reiten, oder wie immer du beliebst ☺

Wir freuen uns auf Dich!
Daniela A. Ben Said

Valentinstag

Lieber Herr Muster,

bald ist es wieder so weit: Valentinstag steht vor der Tür. Partner, Mitarbeiter und Kunden wollen wieder überrascht werden. Was also tun? Klassisch? Die Rose ... oder doch wirklich den Marketing-Slogan mit Leben füllen: „be different or die!"

Überraschungen machen Spaß!

Hier einige Ideen für Ihre Kunden:
* Sie veranstalten von Ihrem Unternehmen aus einen Familientag oder bieten Kinderbetreuung an – so können „Mama" und „Papa" auch einmal wieder zu verliebten Partnern werden. Das ist übrigens auch eine schöne Idee, wenn Sie einmal wieder etwas richtig Tolles für Ihre Mitarbeiter unternehmen wollen.

* Sie schicken an Ihre Kunden eine SMS mit einem schönen Gedicht oder Zitat. Anregungen können Sie gerne bei mir per Email erfragen.

Ideen für Ihre Partnerin

- eine Postkarte mit persönlichen Worten
- www.personal-novelle.de DAS Buch für Ihre/n PartnerIn
- einen selbstgebackenen Kuchen
- einen Spaziergang mit anschließendem Picknick in
einer Wanderhütte
- einen Kalender, in welchem Sie alle besonderen Tage
Ihrer Partnerschaft eintragen
- Sie schreiben IHRE Geschichte auf

Ideen für Ihre Mitarbeiter

- ein „Danke" auf der nächsten Gehaltsüberweisung
- einen Brief oder eine Rundmail zum Schmunzeln,
sich freuen oder gerührt sein. Auch hier fordern Sie
gerne per Email Ideen von mir an.

Ideen für Sie selbst:
- Zeit für sich
- etwas Erreichtes so richtig genießen
- ein gutes Buch lesen
- mal einfach einen Tag Urlaub nehmen
den Wecker auf 03.00h in der Nacht stellen und sich
dann darüber freuen, dass Sie noch 3 Stunden schlafen dürfen ☺

Denken Sie immer daran: Alles, was wir von Herzen geben – es kommt wieder zurück. Der kleine Prinz sagt: „Freundschaft bedeutet: Wenn du um vier Uhr kommst, kann ich mich schon ab drei Uhr auf dich freuen!"
Genießen Sie die freudigen Augen eines Beschenkten!
Denken Sie immer daran: Das Leben ist schön!

Ihre Daniela A. Ben Said

4.4.6 Urlaub

Urlaub

Lieber Herr Muster!

Bald ist es wieder so weit: Der Urlaub steht vor der Tür. Damit Sie diesen ab Tag 1 genießen können, senden wir Ihnen unsere Urlaubscheckliste – dass Sie nichts vergessen für Ihren Urlaub. Quid agis* wünscht Ihnen und Ihrer Familie einen tollen, entspannten Urlaub und … wir freuen uns riesig über Ihre Urlaubspost ☺

Vorher besorgen

- ☐ Vignette / Mautkarte
- ☐ Grüne Versicherungskarte
- ☐ Impfungen   ☐ Int. Führerschein
- ☐ Kreditkarte / EC-Karte   ☐ ADAC- Tourenpaket
- ☐ Adresse deutsche Botschaft
- ☐ Auslandskrankenschein / -vers.
- ☐ Reiseführer / Wanderkarte
- ☐ Hotelführer / Campingführer
- ☐ Reisegepäck / Rücktrittsversicherung

Vorher kümmern

- ☐ Fahrzeug zur Inspektion
- ☐ Wohnungs-/Autoschlüssel hinterlegen
- ☐ Wertsachen deponieren / verstecken
- ☐ Zeitschaltuhr anschalten
- ☐ Blumengießen organisieren
- ☐ Rollläden auf und zu organisieren
- ☐ Post abbestellen / Nachbarn
- ☐ Ausweise noch gültig?
- ☐ Anrufbeantworter vorbereiten
- ☐ Telefonnummer Flugrückbestätigung
- ☐ Auftragsdienst fürs Telefon
- ☐ Wichtige Ausweise kopieren
- ☐ Bügeleisen / Herd / Kaffeemaschine abdrehen
- ☐ Wichtige Zahlungen erledigen
- ☐ Kühlschrank leeren
- ☐ Devisenbestimmung im Gastland?
- ☐ Adresse hinterlassen / Schlüssel hinterlegen

- [ ] Einfuhrbestimmung für Haustiere
- [ ] Heizung aus / klein
- [ ] Arzt und Zahnarzt besuchen
- [ ] Wasser (Geschirrspüler/Waschmaschine) abdrehen
- [ ] Zeitung um- / abbestellen
- [ ] Müll raustragen
- [ ] Haustier versorgen, Futter kaufen
- [ ] Fenster / Türen/ Rollläden gesichert?
- [ ] Telefonrufumleitung (de-)aktivieren

Kosmetik

- [ ] Seife
- [ ] Ersatzbrille
- [ ] Körpercreme / Bodylotion
- [ ] Zahnbürste / Zahnseide
- [ ] Nagelbürste
- [ ] Haargel
- [ ] Rasierzeug
- [ ] Haarspray
- [ ] Kamm
- [ ] Duftwasser
- [ ] Schminkutensilien
- [ ] After-Sun
- [ ] Gesichtscreme
- [ ] Wattestäbchen

- [ ] Gesichtswasser
- [ ] Haarshampoo
- [ ] Handcreme
- [ ] Duschzeug
- [ ] Bürste
- [ ] Deo
- [ ] Zahnpasta / Mundwasser
- [ ] Sonnenmilch
- [ ] Fön / Lockenstab
- [ ] Nagelfeile / Nagelschere
- [ ] Kontaktlinsenpflege
- [ ] Labello
- [ ] Parfüm

Medizin

- [ ] (Kopf-) Schmerzen
- [ ] Kohletabletten
- [ ] Durchfall
- [ ] Wichtige eigene Medikamente

- [ ] Halsschmerzen
- [ ] Übelkeit

☐ Desinfektion ☐ sterile Binde und Tupfer
☐ Reisezieltypische Medikamente
☐ Malaria ☐ elastische Binde
☐ Impfpass / Blutspenderpass
☐ Sonnenbrand ☐ Mückenschutz /-stiche
☐ Allergien ☐ Pille / Kondome
☐ Erkältung / Nasenspray ☐ Wund- / Brandsalbe
☐ Fieberthermometer
☐ Pflaster / Schere ☐ Einmalhandschuhe

Baby/Kleinkinder
☐ Esslatz ☐ Creme
☐ kurze Hose ☐ Windeln
☐ Bettzeug ☐ Strümpfe/ABS
☐ Reisebett ☐ Nuckel
☐ Paracetamol – Zäpfchen
☐ Flasche
☐ Kinderwagen/ Tragetuch ☐ Pürierstab
☐ Spielzeug ☐ Sonnenhut
☐ Glässchen ☐ Wundsalbe
☐ Standschuhe ☐ Mütze
☐ Badesachen ☐ Fenestil-Gel
☐ Stirnband ☐ Desinfektionsmittel
☐ Fluortabletten ☐ Jacke
☐ Fertigmilch ☐ Fieberthermometer
☐ Elektrolyte ☐ Pflegetücher
☐ lange Hose ☐ Nasenspray
☐ Body/ Unterwäsche ☐ Spieluhr
☐ Knuddeltier ☐ Gummistiefel
☐ Schlafanzug ☐ Fertigtee
☐ Sonnenmilch LSF=25 ☐ Bücher

Strand/Sonne

- ☐ Handtuch ☐ Luftmatratze
- ☐ Kaugummi/ Reisekrankheit
- ☐ Windschutz ☐ Sonnenhut/Mütze
- ☐ Nackenkissen / Schlafhörnchen
- ☐ Sonnenschirm ☐ Lektüre
- ☐ Badehose /-anzug / Bikini
- ☐ Fotoapparat ☐ Sonnenbrille
- ☐ Flossen / Tauchschein
- ☐ Kopfhörer ☐ Taucherbrille
- ☐ Badetasche ☐ Schnorchel
- ☐ Sandspielzeug ☐ Essen / Trinken
- ☐ Federball ☐ Badelatschen
- ☐ Strandmatte / Badematte ☐ Brillenetui
- ☐ Badekappen / - mütze
- ☐ Kühltasche / - akkus ☐ Ball
- ☐ Frisbee- Scheiben
- ☐ Kontakt- Telefonnummer
- ☐ Visitenkarte ☐ wichtige Medikamente

Auto überprüfen

- ☐ Betriebsanleitung ☐ Verbandskasten
- ☐ Beleuchtung ☐ Öl, Luft, Wasser
- ☐ (Ersatz) Reifen ☐ Batterie
- ☐ (Ersatz) Keilriemen ☐ Reservekanister
- ☐ Scheibenwischer ☐ Abschleppseil
- ☐ Werkzeug (Isoband, Draht)
- ☐ Reservebirnen ☐ Reserveschlüssel
- ☐ Sicherung ☐ Kassetten
- ☐ D-Schild ☐ Unfallset
- ☐ Warndreieck ☐ Eiskratzer

- ☐ Feuerlöscher
- ☐ Kartenmaterial
- ☐ Auto-Schutzbrief
- ☐ Handwaschpaste
- ☐ Auto-Club-Mitgliedskarte

Fahrrad
- ☐ Flickzeug
- ☐ Getränkehalter
- ☐ Landkarten
- ☐ Ersatzbirne

- ☐ Werkzeug
- ☐ Helm
- ☐ Schloss
- ☐ Schlauch

- ☐ Luftpumpe

Camping
- ☐ Kaffee
- ☐ Luftmatratze
- ☐ Geschirr
- ☐ Hammer / Axt
- ☐ Bindfaden
- ☐ Alu-/ Frisch
- ☐ Tisch(-decke)
- ☐ Blasebalg
- ☐ Wasseraufbereitung
- ☐ Brotmesser
- ☐ Klappspaten
- ☐ Zucker/ Mehl
- ☐ Getränkepulver
- ☐ Küchenrolle
- ☐ Thermoskanne
- ☐ Salz
- ☐ Geschirr-Handtuch
- ☐ Kakao
- ☐ Fliegenklatsche
- ☐ Spaghetti
- ☐ Eintropfdosen

- ☐ Heringe
- ☐ Teebeutel
- ☐ Gläser / Becher
- ☐ Schlüssel
- ☐ Gaskocher (noch ok?)
- ☐ (Tupper-) Dose
- ☐ Besteck, Kochbesteck
- ☐ Pril/Lappen/Bürste
- ☐ Kochtopf / Pfanne
- ☐ Marmelade
- ☐ Kopfkissen
- ☐ Schlafsack
- ☐ Holzbrett
- ☐ Handfeger / Schaufel
- ☐ Liegestühle
- ☐ Campingführer
- ☐ Isomatte
- ☐ Schraubenzieher
- ☐ Pavillion
- ☐ Taschenlampe
- ☐ Eimer

☐ Bier / Alkoholika   ☐ Klappsessel
☐ Beleuchtung

Kleinkram
☐ Regenschirm   ☐ Putzzeug (Schuhe)
☐ Schreibzeug/ Papier ☐ Bindfaden
☐ Taschenrechner   ☐ Müllbeutel / Tüten
☐ Fotoapparat (Batterien ok?)
☐ Adressen   ☐ Kopfhörer
☐ Sonnenbrille   ☐ Schere
☐ Taschenmesser   ☐ Radio / Walkman / Discman
☐ Kassetten / CDs   ☐ Korkenzieher
☐ Batterien / Akkus ☐ Wecker
☐ Handy / Organizer ☐ Fernabfrage
☐ Spielkarten / Würfel
☐ Flaschen-/ Dosenöffner
☐ Kompass   ☐ Zigaretten / Aschenbecher
☐ Reisebügeleisen   ☐ Rucksack
☐ Nähzeug/ Sicherheitsnadel   ☐ Fernglas
☐ Wörterbuch   ☐ Steckeradapter
☐ Kartenmaterial   ☐ Moskitonetz
☐ Reiseliteratur   ☐ Kabelschloss
☐ Bücher / Zeitschriften☐ Passbild
☐ Vorhängeschloss   ☐ Wäschesack
☐ wasserd. Hülle f. Ausweise
☐ Gehörschutz   ☐ Ausweiskopie
☐ Adressanhänger   ☐ Kuschelkissen / decke
☐ Taschenlampe   ☐ Kofferschlüssel
☐ Flaschenverschluss
☐ Rei / Burti / Saptil ☐ Thermometer

Ganz wichtig
- ☐ Geld ☐ Scheck- Kreditkarte ☐ Schecks
- ☐ Reiseversicherungsschein
- ☐ Krankenversicherung /-schein
- ☐ Postsparbuch /-karte
- ☐ Visum ☐ Notfalltelefonnummern
- ☐ Flug-/ Bahntickets ☐ (Int.) Führerschein
- ☐ Grüne Versicherungskarte ☐ Ausweis
- ☐ Schutzbrief
- ☐ Bestätigung (Hotel, Fähre, Reservierung)
- ☐ Hausschlüssel ☐ Telefonkarte
- ☐ Ausweiskopien gesondert einpacken

Danke für den Auftrag

Lieber Herr Muster.

> „Glück ist das Einzige, was sich verdoppelt,
> wenn man es teilt."
> *Albert Schweitzer (1875 - 1965),*
> *Theologe, Mediziner und Philosoph*

Erfolg hat der, der zur richtigen Zeit die richtigen Ent-scheidungen trifft, sich selbst immer treu bleibt und ... ab und zu auch Glück hat!

Das Jahreslos der „Aktion Mensch Lotterie" bringt Ihnen hoffentlich viel Glück und reichlich Geldsegen; und Sie helfen damit Menschen, die in Not geraten sind, Sie schenken ihnen glückliche Momente!
Ich wünsche Ihnen und der ganzen Firma Muster viele richtige Entscheidungen, den Mut, Ihren eigenen Weg weiter zu gehen und ... Glück!

Auf eine glückliche und erfolgreiche Zusammenarbeit!

Mit herzlichen Grüßen

Anlage: Jahreslos der Aktion Mensch – persönlich ge-staltet

„Wir haben viel aus unseren Erfolgen gelernt –
das meiste jedoch aus unseren Fehlern!"

Mercedes Benz, als die neue A-Klasse vorgestellt wurde

Lieber Max Mustermann,

wie wir erfahren haben, sind Sie mit unseren Leistungen nicht zu 100 % einverstanden gewesen. Das tut uns leid und wir entschuldigen uns dafür.

Wir wollen zufriedene Kunden und uns stetig verbessern! Aus diesem Grund sind wir Ihnen dankbar, wenn Sie uns eine konkrete Rückmeldung geben, was genau Ihnen an unserer Leistung nicht gefallen hat.

Als kleine Entschädigung für Ihren Ärger erhalten Sie hiermit einen Blumengruß. Auf dass er Ihnen ein Lächeln in das Gesicht zaubert und Sie somit weiterhin gern an uns denken.

Mit besten Grüßen

P.S. Das Seminar steht Ihnen selbstverständlich zu jeder Zeit und kostenlos zur Wiederholung zur Verfügung.

Anlage: Fleurop-Gutschein

Erfolg

Lieber Herr Muster.

„Die besten Dinge im Leben sind nicht die, die
man für Geld bekommt!"
Albert Einstein
14.03.1879 - 18.04.1955
deutscher Physiker und Nobelpreisträger

Viele Dinge des Lebens sind so wunderbar.... Barfuss
laufen am Strand, nachts aufwachen und feststellen,
dass man noch drei Stunden schlafen kann, 10,00€ ü-
berraschend in der Hosentasche finden...
Eines diesen Dinge ist auch Erfolg. Erfolg bekommen Sie
nur durch Konstanz und gute Arbeit. Ich danke Ihnen,
lieber Herr Muster, dass Sie mich auf meinen Weg begleiten. Dieser Weg hat für mich viele unbezahlbare Dinge gebracht. *Aufzählen*

Erfolg geht auch immer einher mit Wachstum. Wir sind
nun an dieser Stelle und damit auch wir unsere Wirt-
schaftlichkeit sichern können um weiterhin die hochwer-
tige Arbeit zu vollbringen, die sie erwarten dürfen, stehen wir jetzt an dem Punkt der Erhöhung.

Ich freue mich auf unser nächstes gemeinsames Projekt.

4.4.10 Muttertagsschreiben

„Weil Gott nicht überall sein konnte –
schuf er die Mutter!"
(arabisches Sprichwort)

Wann ist Muttertag?
Muttertag ist fast immer am 2. Sonntag im Mai.

Viele, viele Geschenkideen:
- schreiben Sie einen Brief, einen echten Brief
- verwöhnen Sie mit Gutscheinen (Kosmetik, Wellness, Sauna, Sport, gutes Essen)
- verschenken Sie Glück; Glücksbambus
- gestalten Sie individuelle T-Shirts selbst
- schenken Sie wunderschönen Schmuck oder passende Accessoires
- Schokolade geht immer – oder bestellen Sie Pralinen online
- den Lieblingsfilm auf DVD mit schöner Karte
- für das Treffen mit der Freundin: ein Latte Macciato-Set
- Wort- und Bildmagneten zur Kühlschrankpoesie
- Herz-Kuchenform, am besten gleich selbst ausprobiert!
- für frischgebackene Mamis gibt es tolle Krabbelgruppenlieder auf CD
- Klassiker: Blumen (geht auch Online)
- individuelle Kaffeetasse (z. B. mit Photo der Kinder)

- gestalten Sie eine persönliche Erinnerung – ein Fotobuch; www.fotobuch.de
- wenn Sie noch zu Hause wohnen: Geschirr „Hotel Mama"
- ....

4.4.11 Tipps für eine stressfreie Urlaubsreise

Lieber Herr Muster!

„Wenn man beginnt, seinem Passfoto ähnlich zu sehen,
sollte man in den Urlaub fahren."

Ephraim Kishon
israelischer Schriftsteller

Die Urlaubszeit naht. Eigentlich die schönste Zeit des Jahres – doch oft sind wir an der ersten Autobahnausfahrt genervt.

Damit es Ihnen nicht so ergeht, erhalten Sie mit diesem Schreiben unsere Urlaubscheckliste und einige Ideen für die Unterhaltung der Kinder während der Autofahrt. So beginnt der Urlaub bereits vor der Haustür.

Für die lieben Kleinen:

Neben Malbuch und Hörspielkassetten sind diese Spielideen eine wunderbare Ablenkung – und steigern noch die Vorfreude.

Spiele:
* ❖ Ich sehe was, was du nicht siehst
* ❖ Autokennzeichenraten (unter Anhang finden Sie eine Auflistung)
* ❖ HH-MH – Was bedeutet dieses Kennzeichen? Na klar, „Hans hinkt Mona hinterher"! Lesen Sie die Nummernschilder der anderen Autos laut vor. Wer am schnellsten einen lustigen Satz gebildet

hat, bekommt einen Punkt. Bei zehn Punkten gibt es zur Belohnung ein Gummibärchen. Für Könner: Geben Sie Wörter vor, die im Satz enthalten sein müssen.

❖ Regenzauber: „Ich kann Regen wegzaubern – aber nur, wenn die Kinder die Augen schließen und auch nur ganz kurz!" Unter jeder Brücke müssen die Kinder die Augen schließen und das Regenprasseln ist für einen Augenblick verschwunden.

❖ Ich packe meinen Koffer ... „Ich fahre nach ... und packe meine Sonnenbrille ein." „Ich fahre nach ... und nehme eine Sonnenbrille und mein blaues Handtuch mit." „Ich fahre ..." Dieses Aufzählspiel haben die Großen wahrscheinlich schon mit ihren eigenen Eltern auf zig Urlaubsreisen gespielt – immer wieder eine nette Abwechslung. Reihum kommt immer ein weiteres Teil in den Urlaubskoffer, während die anderen vorher ebenfalls in der richtigen Reihenfolge aufgezählt werden. Wer etwas vergisst, scheidet aus.

❖ Reh – Hase – Elefant: Die Tierkette – Ein Spieler beginnt und nennt ein Tier. Mit dem Endbuchstaben des Wortes muss nun der nächste Mitspieler ein Tier nennen usw. Die Kette kann mit unterschiedlichen Wortgruppen gebildet werden, etwa mit Lebensmitteln, Vornamen oder Städten. Steigerung: Während ein Spieler an der Reihe ist und eine Antwort geben muss, zählt ein anderer bis drei. Hat der Spieler bei drei noch keine Antwort gegeben, bekommt er einen Punkt auf die Wange gemalt.

Ihnen einen tollen Urlaub. Kommen Sie gesund und erholt wieder.

Wir freuen uns auf ein Wiedersehen!

Ihr Quid agis*

Die neue Rechtsprechung gibt vor, dass jede Email, die wir im Geschäftsbereich versenden, eine Signatur mit allen Geschäftsdaten (Name, Anschrift, Geschäftsform, Steuernummer) beinhalten muss. Setzen Sie sich auch hier bereits vom Markt ab.

In unserer Email steht immer über der Signatur:
„Rechtschreibe- und Tippfehler jeder Art sind nur ein Zeichen unserer Geschwindigkeit und wir bitte Sie, gelassen darüber hinwegzulesen.☺"

Oder in einer Email von meinem Fahrtrainer für Pferdekutschen habe ich gelesen:
„Grüßen Sie Ihre Familie und Ihre Pferde von uns – über die Reihenfolge dürfen Sie selbst entscheiden! ☺"

Eine Videothek schreibt unter jede Email:
„Ab 30 Grad Celsius erhalten Sie unsere Filme alle um 30 % reduziert!"

4.4.13 Telefon

Das Telefon ist die Visitenkarte eines Untenehmens. Wie melden Sie sich am Telefon? Oftmals meldet sich eine so brummelige Stimme, dass es dem Gegenüber Angst und Bange wird, auch nur im Ansatz etwas zu sagen. Melden Sie sich auch am Telefon freundlich und anders. „Guten Tag, Quid agis, Sie sprechen mit der Auszubildenden Melanie M." So meldet sich unsere Auszubildende. Warum?

> **Guten Tag, Quid agis, Sie sprechen mit der Auszubildenden Melanie M.**

Es zeigt dem Gegenüber gleich, dass wir unserer sozialen Verantwortung als Unternehmen nachkommen und auch Ausbildungsplätze anbieten und es sorgt für eine Art „Welpenschutz" für meine Auszubildenden. Der Gegenüber ist mit ihnen nicht ganz so streng.

„Guten Tag, Quid agis, Andrea S. Wir sind jetzt ganz an Ihrem Ohr!"

> **Guten Tag, Quid agis, Andrea S.**
> **Wir sind jetzt ganz an Ihrem Ohr!**

Auch eine Meldung, die Sie bei uns hören können.

Oder aber auch:
„Guten Tag, Quid agis, Daniela B. S. Sie haben jetzt meine volle Aufmerksamkeit!"

Guten Tag, Quid agis, Daniela B. S. Sie haben jetzt meine volle Aufmerksamkeit!

Meine „rechte Hand" meldet sich am Telefon wie folgt: „Guten Tag, Quid agis, Sie sprechen mit der rechten Hand, Julia H.!"

Guten Tag, Quid agis, Sie sprechen mit der rechten Hand, Julia H.!

Wir variieren unsere Meldungen ständig. So bleibt es für uns und unsere Kunden interessant und wird kein auswendig gelerntes, heruntergespultes „Meldungs-Sing-Sang."

Unterstützt wird diese Ansage durch schöne, entspannende Hintergrundmusik (Achtung Gema), während wir verbinden.

4.4.14 Checklisten

In diesem Kapitel haben wir Ihnen eine Vielzahl an Checklisten zusammengestellt. So können Sie diese nutzen:

B-to-B (Business to Business)
- ❖ An Ihre Kunden versenden mit einem Anschreiben, wie Ihre Kunden die Listen wiederum für Ihre Kunden nutzen können.

B-to-C (Business to Customer)
- ❖ An die Kunden versenden, verteilen, auslegen oder im Einzelhandel mit einem Aufsteller versehen.

Alte Wohnung

🗋 Die Kündigung muss immer schriftlich erfolgen. Notieren Sie sich Ihre gesetzliche Kündigungsfrist gemäß Mietvertrag.

🗋 Kautionsrückzahlung: Sie haben Anspruch auf Zins und Zinseszins.

Neue Wohnung

🗋 Ihre neue Adresse: Notieren Sie sich Ihre neue Adresse, damit Sie diese immer griffbereit haben.

🗋 Mietvertrag prüfen: Die Kaution darf höchstens drei Nettokaltmieten betragen, zahlbar in 3 Raten auf ein verzinsliches Sonderkonto, Sparbuch oder als Bankbürgschaft o. ä.

🗋 Die Maklerprovision darf maximal 2 Nettokaltmieten plus Mehrwertsteuer betragen.

Wohnungsübergabe
Was steht im Mietvertrag?

🗋 Besenrein

🗋 Teppichreinigung

🗋 Wände streichen

🗋 Türen streichen

🗋 Decken streichen

🗋 Fenster streichen

🗋 Umbau / Renovieren

☐ Erstellen Sie einen Umbau- / Renovierungs-
plan: Was, wann, wer?

Übergabeprotokoll

☐ Fertigen Sie immer ein Übergabeprotokoll an
(eventuell mit Foto) und lassen Sie es unter-
zeichnen.

Ablöse

☐ Halten Sie Ablöse für Möbel und Küche mit
Ihrem Vermieter oder Vor- bzw. Nachmieter
schriftlich fest.

Umzug ins Ausland

☐ Informieren Sie sich rechtzeitig über Pässe,
Zollbestimmungen, Visa, Arbeits- / Aufent-
haltserlaubnis, Impfung, (Ausland-) Krankenversicherung, Inventarliste, evtl. MwSt.-/
Steuer- / Rückerstattungen.

Arbeitgeber informieren

☐ Umzugsurlaub

☐ Manche Arbeitgeber gewähren ein bis zwei
Tage Sonderurlaub bei einem Umzug. Informieren Sie sich.

☐ Berufsbedingter Umzug
Falls Ihr Umzug berufsbedingt ist, sind die
Kosten zum Teil absetzbar.

Umzug / Möbeltransporter

- ☐ Entscheiden Sie sich rechtzeitig, ob Sie den Umzug selbst machen oder ob Sie lieber auf ein Angebot einer Umzugsfirma zurückgreifen wollen.
- ☐ Falls Sie den Umzug selbst machen wollen, denken Sie daran, sich rechtzeitig einen Leih-Lkw oder Kleintransporter, Umzugszubehör wie Gurte, Decken, Sackkarren und viele gute Freunde zu organisieren. Mietwagenfirmen gibt's im Internet, Zubehör finden Sie bei www.umzug.de, nur für die guten Freunde müssen Sie selbst sorgen.

Umzug mit Umzugsunternehmen

- ☐ Wenn Sie mit einem Umzugsunternehmen umziehen wollen, sollten Sie sich rechtzeitig ein Angebot einholen. Mit www.umzug.de können Sie das bequem von zu Hause aus über das Internet tun.

Hinweise für den Umzug mit dem Möbelspediteur

- ☐ Hier haben wir die wichtigsten Hinweise für den Umzug mit einem Möbelspediteur für Sie zusammengefasst: Die Haftung ist im HGB § 451f. gesetzlich geregelt. Die Haftung des Möbelspediteurs ist auf höchstens EUR 620,00 je cbm Umzugsgut beschränkt. Äußerlich erkennbare Schäden müssen spätestens am Tag nach der Ablieferung angezeigt werden. Äußerlich nicht erkennbare Schäden müssen innerhalb von 14 Tagen angezeigt werden. Es ist eine detaillierte Anzeige erforderlich; pauschale Schadensanzeigen genügen auf keinen Fall.

Umzugskosten

☐ Unser Extra-Tipp für Ihren Geldbeutel: Umzugskosten können steuerlich absetzbar sein. Alle Steuersparmöglichkeiten und viele geldwerte Tipps zum Umzug zeigt Ihnen der große Steuerratgeber.

Ummelden / Adressänderung

☐ Überlegen Sie, wem Sie die Änderung Ihrer Adresse mitteilen müssen. Melden Sie sich rechtzeitig ab und beachten Sie eventuelle Kündigungsfristen. Das kann Ihnen eine Menge Geld sparen! Vergessen Sie auch nicht, sich an Ihrem neuen Wohnort wieder anzumelden!

☐ Alternative: Einfach online ummelden mit www.meldebox.de. Mit ein paar Mausklicks kann allen wichtigen Unternehmen und Institutionen die neue Adresse mitgeteilt werden!

Telefon/Fax/Internet

☐ Festnetzanschluss

☐ Mobiltelefon / Handy

☐ Internetanschluss

Versorgungswerke
- ☐ Wasser
- ☐ Strom
- ☐ Gas
- ☐ Heizung

Post
- ☐ Nachsendeantrag
- ☐ Postfach kündigen / ändern

Versicherungen
- ☐ Krankenkasse
- ☐ Hausratversicherung
- ☐ Private Haftpflichtversicherung
- ☐ Kfz Haftpflichtversicherung
- ☐ Haus-/ Grundbesitzversicherung
- ☐ Lebensversicherung
- ☐ private Unfallversicherung
- ☐ Berufsunfähigkeitsversicherung
- ☐ Private Zusatzversicherung

Banken und Sparkassen
- ☐ Giro- und Sparkonten
- ☐ Daueraufträge
- ☐ Bausparverträge
- ☐ Kreditkarten
- ☐ Depots

Ämter, Behörden und andere öffentliche Stellen

- Einwohnermeldeamt (innerhalb einer Woche anmelden)
- Zulassungsstelle (neue Doppelkarte nötig)
- Finanzamt
- Arbeitsamt
- Kindergeldstelle
- Kindergarten
- Schule
- Kirche
- Bafög
- Kreiswehrersatzamt

Sonstiges

- GEZ
- Arbeitgeber
- Geschäftspartner
- Automobilclub
- Kabelfernsehen
- Tageszeitung
- Zeitschrift / Abo
- Hausmeister
- Hausverwaltung
- Vereine, Fitnessstudio
- Wartungsverträge
- Verwandte und Freunde
- Theater- und Konzertabos
- Sonstige Abos

- ☐ Bücherclubs
- ☐ Dauerkarten
- ☐ Kundenkarten (Bahncard, Bäder, Fitness, etc.)
- ☐ Zahnarzt
- ☐ Andere Ärzte

Tipp:
Notieren Sie sich Ihre wichtigen Telefonnummern auf einem Zettel und heften Sie diesen zu Ihrer Umzugscheckliste. So haben Sie die Nummern immer griffbereit.

Kinder
Bringen Sie Ihre Kinder am Umzugstag bei Freunden, Verwandten oder einem Babysitter unter. So können Sie sich voll auf Ihren Umzug konzentrieren und Ihre Kinder langweilen sich nicht. Kümmern Sie sich rechtzeitig vorher darum.

Haustiere
Umziehen bedeutet für Ihre Haustiere großen Stress. Bringen Sie diese lieber am Umzugstag bei Freunden, Verwandten oder in der Tierpension unter.

Pflanzen
Vergessen Sie nicht, Ihre Pflanzen vor dem Umzug noch einmal zu gießen, am Umzugstag ist dafür meist nur wenig Zeit. Gegebenenfalls müssen Pflanzen auch abgestützt bzw. eingepackt werden.

Hausmeister und Nachbarn
Geben Sie Ihrem Hausmeister und Ihren Nachbarn rechtzeitig vor Ihrem Umzug Bescheid, damit sie sich auf Störungen vorbereiten können.

Packen
Wichtig: Wer packt, haftet!
Falls Sie mit einem Umzugsunternehmen umziehen wollen, überlegen Sie sich vorher, wer packt. Denn wer packt, der haftet!
Persönliches und Wichtiges sollten Sie immer selbst packen und transportieren!
- notwendige Medikamente und Babybedarf
- wichtige Schlüssel, Dokumente und Fotoapparat
- Wertgegenstände, Münzen, Schmuck und Bargeld

6 goldene Packer-Regeln
1. Nicht zu voll und nicht zu schwer. (max. 25 kg)
2. Schweres nach unten, Gleiches zu Gleichem
3. Bücher, Platten, Bilder hochkant und gut polstern
4. Porzellan, Gläser, Teller hochkant und gut polstern
5. Geräusch-Test durch leichtes Schütteln des Kartons
6. Mit dem Zielort kennzeichnen

Richtiges Packmaterial
Das richtige Packmaterial ist beim Umzug sehr wichtig, damit Ihre Möbel auch heil und unbeschadet an Ihrem neuen Wohnort ankommen. Es gibt spezielle Umzugskartons für Wäsche, Bücher, Bilder und Lampen; Kleiderkisten, Packpapier, Noppenfolie, Bettensäcke, Schonbezüge und Schutzhüllen für Matratzen, Couch und Sessel.
Die Checkliste für Ihren Umzugsendspurt

Hier noch einmal die wichtigsten Dinge, an die Sie kurz vor Ihrem Umzug bzw. am Umzugstag denken sollten. Lesen Sie sich die Liste gründlich durch, damit Sie nichts vergessen.

So früh wie möglich
- ☐ Packmaterial besorgen
- ☐ Keller / Speicher ausmisten
- ☐ Alte Möbel inserieren / Recyclinghof anrufen
- ☐ Möbel-Stellplan für die neuen Räume erstellen
- ☐ Vorhänge / Gardinen ausmessen

3 Tage vorher
- ☐ Fußböden / Teppiche abdecken
- ☐ Leih-LKW / Transporter abholen
- ☐ Möbel abbauen
- ☐ Zufahrts- / Aufzugsschlüssel besorgen
- ☐ Parkplätze für alte und neue Wohnung freihalten

Umzugstag
- ☐ Früh aufstehen und in Ruhe frühstücken
- ☐ Persönliches und Wichtiges in einen Koffer packen und ins Auto laden
- ☐ Lkw beladen:
    1. Kartons
    2. Möbel
    3. Schränke
    4. Pflanzen
- ☐ Brotzeit und alkoholfreie Getränke für alle

- Seife, Handtücher, Klopapier, Waschzeug sowie Putz-/ Reinigungsmittel und Müllsäcke separat bereithalten
- Hand-/Stehlampe, Verlängerungskabel, Klebeband, Werkzeug und Filzstifte griffbereit halten
- Klingel-, Haustür-, Briefkastenschilder ummontieren
- Aufbau der Möbel nach Stellplan
- Montage Lampen, Vorhänge

Checkliste für Ihre Hochzeit / Hochzeitsplan

	6 – 12 Monate vor der Hochzeit
	Art der Hochzeit festlegen
☐	Familiennamen festlegen
☐	Kostenplan entwerfen
☐	Eventuell Diät
☐	Tanzkurs anmelden
☐	Standesamtliche Trauung?
☐	Kirchliche Trauung?
☐	Trauung mit einem freien Theologen / einer freien Theologin?
☐	Rahmen der Hochzeit festlegen
☐	Größe der Feier (Anzahl der Gäste überschlagen)
☐	Traditionell oder ausgefallen? Kleidungsstil?
☐	Restaurant, Party-Service, draußen oder drinnen?
☐	Soll ein Polterabend stattfinden?
☐	Hochzeitstermin festmachen
☐	Der Hochzeitstermin sollte baldmöglichst festgelegt werden, da sonst der Wunschtermin eventuell schon belegt ist (beim Standesamt bzw. beim Pfarrer) und man einen neuen Termin suchen muss. Außerdem sollte der Termin mit der engsten Familie sowie den Trauzeugen besprochen werden.

☐	**Standesamtliche Trauung** am um Uhr
☐	**Kirchliche Trauung** am um Uhr
☐	**Restaurant / Lokalität aussuchen, Termin fest-machen**
☐	Schöne und beliebte Lokalitäten sind meist früh ausgebucht. Daher sollten Sie nach der Absprache mit Standesamt bzw. Kirche auch gleich den Termin mit der gewünschten Lokalität ausmachen. Restaurant:
	Hochzeitsordner erstellen
☐	Erstellen Sie bereits jetzt einen „Hochzeitsordner", in dem Sie alle Unterlagen bzgl. Ihrer Hochzeit sammeln.
	Kostenplan erstellen
☐	Erstellen Sie bereits jetzt einen (vorläufigen) Kostenplan, in den Sie die geplanten Kosten eintragen und zusammenrechnen. Während der Hochzeitsvorbereitungen sollten Sie diesen Plan kontinuierlich aktualisieren, insbesondere wenn Sie bereits die realen Kosten wissen.
	4 bis 6 Monate vor der Hochzeit **Vorläufige Gästeliste zusammenstellen**
☐	Diese Liste benötigen Sie auch bei der Erstellung der Einladungskarten und bei der Verwaltung der Rückmeldungen Ihrer Gäste. Am besten erstellen Sie die Gästeliste in elektronischer Form, damit Sie diese in den nächsten Wochen einfach bearbeiten können.

	Trauzeugen bestimmen
☐	Trauzeugen werden heutzutage nur noch bei der katholischen Trauung verlangt – falls Sie Trauzeugen haben möchten (auch beim Standesamt / ev. Trauung), sollten Sie sich mit den Trauzeugen abstimmen.
	Trauung mit dem Pfarrer besprechen
☐	Ist eine Trauung mit einem Pfarrer (oder freiem Theologen) gewünscht, sind weitere Vorbereitungen notwendig: Ablauf der Trauung besprechen Texte und Lieder aussuchen Liederheft gestalten Musik organisieren
	Musik für die Hochzeitsfeier organisieren
☐	Buchen Sie frühzeitig einen DJ, einen Musiker oder eine Hochzeitsband für Ihre Hochzeitsfeier und sprechen Sie die gewünschte Musik durch.
	Fotografen organisieren
☐	Bestimmen Sie den Fotografen bzw. den Video-Filmer, der Ihre Hochzeit in Bildern (und Ton) einfangen soll und besprechen Sie den groben Ablauf der Aufnahmen und Ihre speziellen Wünsche.
	Hochzeitsauto mieten
	Hochzeitsreise planen
☐	Auch Ihre Hochzeitsreise muss frühzeitig gebucht sein, da sie meist am Tag nach der Hochzeit startet. Denken Sie auch an evtl. notwendige Impfungen und an den Reisepass (sowie Visum).

	Urlaub einreichen
🗋	Nachdem Sie Ihre Hochzeitsreise geplant haben, sollten Sie auch gleich den Urlaub bei Ihrem Arbeitgeber beantragen.
	Partyservice planen
🗋	Falls Sie nicht in einem Restaurant feiern, sollten Sie sich nun Angebote für Partyservice, Lokalität, Zeltverleih usw. einholen. Eventuell benötigen Sie auch zusätzliche Hilfskräfte für Essensausgabe, Getränkestand (teilweise bietet dies auch der Partyservice an).
	Ansprechpartner für die Gäste bestimmen
🗋	Erklären Sie dem Ansprechpartner Ihre Vorstellung vom Ablauf der Feier und insbesondere auch, welche unangenehmen Überraschungen Sie nicht haben wollen. Ihre Gäste können sich dann bzgl. Überraschungen, Hochzeitsspielen oder Ihrem Hochzeitstisch an den Ansprechpartner wenden.
	Weitere Unterhaltung buchen
🗋	Planen Sie neben Musik auch noch weitere Unterhaltung (z. B. Zauberer, Feuerwerk, Ballonaktionen) – dann sollten Sie bereits jetzt Angebote einholen. Achtung: Evtl. möchte ein Gast Sie mit einer entsprechenden Aktion überraschen – sprechen Sie dies also in jedem Fall mit dem Ansprechpartner durch.
	Druckerei suchen – Einladungskarten bestellen
🗋	Ihre Einladungskarten (und Tisch- und Menükarten) müssen rechtzeitig gedruckt werden. Bei größeren Hochzeiten (über 100 Gäste) sollten

Sie sich verschiedene Angebote einholen. Sie können auch online Einladungskarten bestellen (hier sollten Sie in jedem Fall die separate Bestellung verschiedener Ansichtsexemplare in Betracht ziehen).

3 bis 4 Monate vor der Hochzeit

Brautkleid aussuchen

Das Brautkleid muss rechtzeitig ausgesucht werden, da Brautkleider meist Einheitsgröße haben (also nicht in mehreren Größen vorhanden sind) und entweder bestellt oder durch eine Schneiderin angepasst werden müssen. Oft sind mehrere Anproben und mehrere Anpassungen notwendig. Bitte beachten Sie, dass sich Ihre Figur vielleicht noch bis zur Trauung verändert und Sie das Kleid vielleicht erst vier Wochen vor der Trauung endgültig auf Ihre Figur anpassen sollten.

Kleidung für den Bräutigam aussuchen

Auch hier sind eventuell noch Änderungen erforderlich und auch hier sollten endgültige Anpassungen erst vier Wochen vor der Trauung durchgeführt werden, damit der Anzug nicht zu eng wird.

Hochzeitstisch erstellen

Bereits auf der Einladung können Sie angeben, wo Sie Ihren Geschenketisch angelegt haben – sonst werden Sie von jedem Gast auf Ihre Wünsche angesprochen.
Eine besonders komfortable Lösung ist der kos-

	tenlose **Online-Hochzeitstisch** unseres Partners **Wunsch-Galerie**: Sie können Artikel aus vielen Shops (Amazon, Otto, Heine, Douglas, u. v. m.) zusammenstellen oder auch ganz frei Wünsche beschreiben (z. B. aus einem Haushaltswarenladen in Ihrer Stadt). Ihre Gäste müssen den Artikel nur reservieren und können diesen dann kaufen, wo sie wollen. Weitere Informationen haben wir im Bereich **Hochzeitstisch** zusammengestellt.
	Trauringe aussuchen
🗋	Wie beim Brautkleid gibt es Trauringe oft nur in Einheitsgröße, sodass die richtige Größe gemessen und anschließend die Ringe bestellt werden. Auch eine Gravur muss bestellt werden. Die Anpassung kann je nach Art des Ringes zwischen zwei und vier Wochen dauern.
	Endgültige Gästeliste zusammenstellen, Einladungskarten verschicken
🗋	Spätestens jetzt sollten Sie die offiziellen Einladungskarten verschicken. Die wichtigsten Personen wissen schon seit längerer Zeit Bescheid über den Termin und haben diesen sicher freigehalten.
	Papiere für Standesamt und Kirche zusammenstellen
🗋	Sammeln Sie alle notwendigen Papiere und ordnen Sie diese in den Hochzeitsordner ein.
	Blumenschmuck aussuchen

🗋	Für die Feier oder für das Hochzeitsauto können Sie bereits jetzt ein Blumengeschäft aussuchen und den Blumenschmuck bestellen. Die Braut kann dann Hinweise zu ihrer Vorstellung vom Brautstrauß geben – die Besorgung ist jedoch traditionell die Aufgabe des Bräutigams
	1 bis 2 Monate vor der Hochzeit
	Rückanworten in Gästeliste eintragen
🗋	Jetzt sollten Sie bereits die Rückantworten Ihrer Gäste erhalten. Aktualisieren Sie die Gästeliste und haken Sie bei fehlenden Rückantworten nach. Absagen Ihrer Gäste enthalten vielleicht bereits Geschenke, erstellen Sie deshalb jetzt die erste „Wer hat was geschenkt?"-Liste, damit Sie nach der Hochzeitsreise auch Dankeskarten an diese Personen schreiben können.
	Hochzeitstorte bestellen
🗋	Bestellen Sie jetzt die Hochzeitstorte beim Konditor Ihrer Wahl.
	Probehochzeitsfrisur
🗋	Insbesondere die Braut sollte sich die gewünschte Hochzeitsfrisur etc. wenigstens einmal machen lassen, damit es keine Überraschungen (und Enttäuschungen) am Hochzeitstag gibt.
	2 bis 4 Wochen vor der Hochzeit
	Unterbringung der Gäste organisieren
🗋	Sprechen Sie die Unterbringung mit den auswärtigen Gästen ab. Oft sind Familienmitglieder be-

	reit, den einen oder anderen Gast im eigenen Haus unterzubringen. Den Gästen sollten Sie Unterbringungsmöglichkeiten (Hotels, Pensionen) vorschlagen.
	Trauringe abholen
▢	Die Trauringe sollten jetzt da sein – wenn nicht, müssen Sie dringend nachhaken.
	Organisationsplan aufstellen
▢	Erstellen Sie den genauen Ablauf für Ihre Hochzeit und sprechen Sie diesen mit den Helfern ab. Am besten ist es, wenn Sie einen Ansprechpartner für Ihre Helfer bestimmen, der Ihnen auch während der Feier Entscheidungen abnimmt – dann können Sie den Hochzeitstag ohne ständige „Störungen" durch die Helfer genießen.
	Menü und Ablauf des Menüs
▢	Klären Sie jetzt mit dem Restaurant den Ablauf und das Menü für die Feier. In diesem Zusammenhang sollte auch die Tischordnung (Wo sitzt wer?) geklärt und die Aufstellung der Tische festgelegt werden.
	Gästetransport klären (Bus, Taxi)
▢	Zwischen Standesamt, Restaurant oder Kirche müssen auch die Gäste transportiert werden (Sie sollten Ihr Transportmittel bereits organisiert haben). Gibt es vielleicht Parkplatzprobleme? Gibt es eine Baustelle? Sollte für den Transport ein Bus gemietet werden, damit niemand auf das ein oder andere Schlückchen verzichten muss?
	Hochzeitskleidung probieren
▢	Brautkleid und Hochzeitsanzug sollten nochmals

	angezogen werden. Vielleicht sind noch letzte Anpassungen vorzunehmen. Hat die Braut auch Ersatzstrümpfe (-strumpfhosen)?
	Polterabend organisieren
🗋	Der Polterabend ist u. U. eine große Party. Auch hier müssen Lokalität, Speisen und Getränke organisiert werden.
	Brautstrauß und Anstecker
🗋	Traditionell sind der Brautstrauß und der Anstecker die Aufgabe des Bräutigams. Falls noch nicht geschehen, sollte dieser den Blumenhändler aussuchen und Brautstrauß bzw. Blumenanstecker für den Hochzeitstag bestellen. Beide sollten auf den Blumenschmuck (Feier, Hochzeitsauto) abgestimmt sein.
	1 bis 2 Wochen vor der Hochzeit
	Hochzeitsreise vorbereiten
🗋	Kurz vor der Hochzeit haben Sie dazu keine Zeit mehr – denken Sie also an Sonnencreme, Reiseversicherung, Kreditkarten, Traveller-Schecks, ausländische Währung, usw.
	Hochzeitsschuhe einlaufen
🗋	Neue Schuhe sind meist unbequem. Sie laufen aber den ganzen Hochzeitstag in den neuen Schuhen – besser Sie laufen die Schuhe jetzt ein.
🗋	Bestätigung vom Restaurant, dem Fotografen oder Hochzeitsauto einholen.
	Termine mit Firmen abstimmen
🗋	Zu Ihrer eigenen Beruhigung: Stimmen Sie die

	Termine mit Restaurant / Partyservice, freiem Theologen / Pfarrer, Musiker / DJ, Fahrer für das Hochzeitsauto, Konditor, Fotograf usw. nochmals ab. Wissen alle, wo der Festort ist, wie sie dahinkommen und wann sie spätestens da sein müssen? Sicher ist sicher! Friseur- und Kosmetiktermin festlegen.
	Der letzte Tag vor der Hochzeit
☐	Koffer für die Hochzeitsreise packen
	Geld zurechtlegen
☐	Sie benötigen Gelder für die Kollekte, Blumen- und Geschenkboten, evtl. den Musiker, Trinkgelder für Chauffeur, Restaurantmitarbeiter ...
	Handtasche der Braut packen
☐	Make-up, Nähzeug, Ersatzstrumpfhosen, Kopfschmerztabletten, Deo, Kamm, Pflaster u. ä. sollten in der Nähe sein (oder: Ansprechpartner bestimmen, der alles dabei hat).
☐	Kleidung bereitlegen
☐	Ringe und Papiere bereitlegen
	Gut schlafen!
☐	Ein kleiner Drink oder Baldrian helfen hier vielleicht?!
	Ihr Hochzeitstag
☐	Genießen Sie Ihren Tag! Sie haben alles gut geplant, kleinere Fehler sind normal – da muss man eben improvisieren ->

	Aber nicht Sie: Das sollte Ihr Festansprechpartner machen, der alles während der Feier in der Hand hat.
	Bis 4 Wochen nach der Hochzeit
☐	Alle Rechnungen bezahlen
☐	Danksagungskarten schreiben
☐	Fotos beim Fotografen aussuchen
	Hochzeitsgarderobe reinigen lassen
☐	Sie können das Brautkleid als Erinnerung behalten (sorgfältig aufbewahren) oder auch verkaufen.
	Namensänderungen durchführen
☐	Sie haben Ihren Nachnamen geändert? Dann sollten Sie auch an folgendes denken: Klingelschild und Briefkastenschild ändern Arbeitgeber informieren -> Heiratsurkunde vorlegen Geldinstitute / Kreditkarteninstitute / Versicherungen / Bausparkasse informieren Telefonbucheintrag anpassen Finanzamt informieren Krankenkasse informieren Zeitschriften-/Zeitungs-Verlag informieren Gas- und Elektrizitätswerk informieren Pass- und Personalausweis beantragen Lohnsteuerkarte ändern lassen Führerschein beantragen Fahrzeugpapiere anpassen Weitere Verträge anpassen

Countdown bis zur Party:
Was ist zu tun?

3-4 Wochen vorher	Grillplatz aussuchen und ggf. reservieren lassen
1 Woche vorher	Nachbarn informieren Grill und Grillwerkzeug überprüfen Sitzgelegenheiten und Tische organisieren Dekoration auswählen: Lampions, Fackeln oder Windlichter braucht man, wenn sich die Grillparty bis in die Dunkelheit zieht; Partygirlanden mit elektrischen Lämpchen sind ungefährlicher für Kinder Rezepte für Salate, Dips und andere Beilagen zusammenstellen Einkaufsliste vorbereiten
2-3 Tage vorher	Zubehör einkaufen: Holzkohle, Grillanzünder, Gläser, Teller, Servietten, Besteck, Lampions Lebensmittel besorgen: Getränke, Kartoffeln, Mixed Pickles, fertige Soßen, salzige Knabbereien etc.

Grillbutter vorbereiten
Große Fleischstücke oder Braten
in die Marinade einlegen
Ggf. Babysitter besorgen

1 Tag vorher	Einkaufen: Grillgut, Brot, frisches Obst und Gemüse, Zutaten für weitere Beilagen
Am Partytag	Der Countdown läuft …
Vormittags	Einkaufen: Brot, Brötchen, Baguette, frische Lebensmittel wie Salat, Gemüse und Obst
4 Stunden	Sitzgelegenheiten und Tische aufbauen, großen Tisch für Salate, Fleisch, Getränke aufstellen Dekorationen anbringen
3 Stunden vorher	Getränke kalt stellen Dips, Soßen, Marinaden zubereiten (kalt stellen!) Salate vorbereiten
2 Stunden vorher	Grillgut marinieren Kräftige Salate anmachen, durchziehen lassen Grill aufbauen
1 Stunde vorher	Grill anheizen Eimer mit Wasser bereitstellen

Grillwerkzeug bereitlegen
Partygeschirr aufstellen
Abfallbehälter aufstellen

30 Minuten vorher   frische Salate anmachen
Buffet mit Salaten, Brotkorb, Getränken, Dips, Knabbereien usw. aufbauen
Grillgut bereitstellen

12 Tipps zum gesunden Grillen auf einen Blick:

- ✓ Grill windgeschützt aufstellen
- ✓ Gerät mit verstellbarem Rost wählen
- ✓ Abstand von Glut zum Grillrost mindestens handbreit halten
- ✓ Nur Holzkohle oder Holzkohlenbriketts verwenden, keine Kiefernzapfen
- ✓ Nur spezielle Grillanzünder nehmen, kein Brennspiritus o. ä.
- ✓ Kohle gut durchglühen lassen
- ✓ Nicht zu fettes Fleisch grillen
- ✓ Besonders fettes Grillgut oder in Öl marinierte Fleischstücke kann man zunächst in Alufolie garen und zum Schluss auf dem offenen Rost kurz nachgrillen
- ✓ Kein Fett oder andere Flüssigkeit in die Glut tropfen lassen
- ✓ Möglichst ungepökeltes Fleisch grillen
- ✓ Nicht nur für Vegetarier: Gemüse, Bratlinge und Früchte bekommen durch das Grillen ein ganz besonderes Aroma und sind eine gesunde Bereicherung und Alternative auf dem Rost
- ✓ Eimer mit Wasser bereitstellen

Checkliste für Reisen mit dem Hund

Am Vortag der Abreise
Nur noch wenig zu fressen geben. Noch einen langen Spaziergang machen.

Am Reisetag
Vorm Start viel frisches Wasser anbieten, aber auf keinen Fall etwas zu fressen geben!

Das sollten Sie griffbereit bzw. im Auto haben:
- Leinen und Halsband (mit Namenskärtchen, Urlaub- und Heimatadresse)
- Wasserflasche und Trinknapf
- Kauknochen aus Büffelhaut
- Maulkorb (wenn erforderlich)
- Internationaler Impfpass und Grenzpapiere
- Haftpflichtversicherung und Versicherungsnummer
- „Gassi-Set" oder Plastiktüte, Papier/Tuch

Das gehört ins Reisegepäck:
- Vorräte an Fertignahrung
- Dosenöffner & Löffel
- Futternapf
- Bürste/Kamm,
- Decke/ Kissen, Spielzeug
- Reiseapotheke für den Hund (Wird vom Tierarzt gern zusammengestellt – unter Berücksichtigung von Alter, Rasse, Gewicht und Verfassung des Hundes. Fra-

126

gen Sie Ihren Tierarzt nach Tabletten gegen Reise-krankheiten, Magentabletten und Mittel gegen Durchfall).

Was nicht fehlen darf:
- ☐ Floh- und Zeckenband, Flospray oder -puder
- ☐ Augen- und Ohrentropfen
- ☐ Pinzette (um eingetretene Splitter aus der Pfote zu ziehen)
- ☐ Zeckenzange
- ☐ Hirschtalg zur Behandlung rissiger Pfoten.

4.5 Auf ein Wort: Der Preis

Den günstigsten Anbieter mit dem günstigsten Preis gibt es nicht! Haben Sie den Mut, zu Ihrem Angebot zu stehen. Der günstigste Anbieter hat eben auch die günstigsten Kunden.

In unseren Angeboten steht immer folgender Text:

„Es ist nicht klug, zu viel zu bezahlen – es ist aber auch nicht klug, zu wenig zu bezahlen!

Wenn Sie zu viel bezahlen ist alles, was Sie verlieren können, ein wenig Geld – das ist alles!

Wenn Sie zu wenig bezahlen, verlieren Sie aber vielleicht alles, weil das Ding, das Sie kauften, unfähig war, das zu tun, wofür Sie es kauften.

Wenn Sie sich mit dem niedrigsten Anbieter einlassen – so ist es gut, dem Angebot noch etwas Geld hinzuzufügen, für das Risiko, das Sie eingehen. Und wenn Sie das tun, dann haben Sie auch genügend Geld, etwas Besseres – nämlich uns – zu kaufen!"

Weiterhin bieten wir keine Rabatte außer denen, die klar definiert sind: Wer uns 10 oder mehr Tage am Stück bucht, bekommt pro Seminartag 10%.

Warum?
Es steht sogar in unseren Angeboten und wir formulieren es auch ganz klar so im Markt/ im Gespräch: Wir

leben die Fairnessgarantie. Das bedeutet jeder zahlt den gleichen Preis und keiner bekommt die Dienstleistung / die Ware günstiger!

Fairnessgarantie

Mein Tipp: Schreiben Sie es bei Angeboten gleich mit hinein oder lassen Sie von Ihrer Werbeagentur ein Schild mit dem Aufdruck „Fairnessgarantie – gleiche Preise für alle!" anfertigen. Ihren Kunden erkennen dann, dass sie sich auf Sie verlassen können, und die Mitarbeiter haben immer ein absolutes Knock-out-Argument!

Wer aufhört zu werben, um Geld zu sparen, kann ebenso seine Uhr anhalten, um Zeit zu sparen.
Henry Ford
Gründer von Ford

Hier erhalten Sie eine Ideensammlung für einen Jahres-
verblüffungsplan. Denken Sie auch immer daran: Nicht
die Quantität ist wichtig sondern die Qualität!

> **Wenn ich die Menschen gefragt hätte, was sie wollen,
> hätten sie gesagt, schnellere Pferde.**
> *Henry Ford*
> *Gründer von Ford*

Wenn Sie sich selbst einen Jahresplan erstellen wollen,
fragen Sie sich: Was ist in diesem Monat besonders zu
beachten? Welche regionalen Events finden statt? Was
kann für meinen Kunden bzw. den Kunden meines Kunden eine überraschende Unterstützung sein. Hilfreich
zur Jahresplanung ist folgendes Gedicht aus einem Kindergarten:

Im Januar beginnt das Jahr.
Im Februar ist Fasching da.
Im März die Frühlingssonne lacht.
Im April das Wetter ärger macht.
Im Mai die schönen Blumen blühen.
Im Juni wir ins Schwimmbad ziehen.
Im Juli ist der Sommer da.
Im August gibt's Ferien mit Papa.
Im September gibt es reife Früchte.
Im Oktober steigen Drachen in die Lüfte.
Im November graue Nebel wallen.
Im Dezember die Schneeflocken fallen.

Fünfzig Prozent bei der Werbung sind immer rausgeworfen. Man weiß aber nicht, welche Hälfte das ist.
Henry Ford
Gründer von Ford

Monat	Diese Fragen sollten Sie sich stellen! Diese Gedanken sollten Sie sich machen!	Anregungen und Ideen
Januar Der Januar (v. lat. ianua „Tür, Zugang") ist der erste Monat des Jahres im Gregorianischen Kalender. Der ursprüngliche Name Jänner/Jenner ist nur noch in Teilen des süddeutschen Sprachraums üblich, in Österreich und Südtirol heißt dieser Monat offiziell Jänner. Auch auf Schweizerdeutsch nennt man den Januar gelegentlich Jänner. Er hat 31 Tage und ist nach dem römischen Gott Ianus benannt, der laut der Sage zwei Gesichter hat. Bezogen auf die heutige (temporale) Lage des Januars sieht ein Gesicht in das neue und eines in das alte Jahr (gute Vorsätze zum Jahreswechsel).		
Januar	o Gute Vorsätze o Neue Ziele o Bilanz	o Mentaltraining zur Zielerreichung o Kooperation mit einem Lebensmittelgeschäft: „Gesund in das neue Jahr!" Aufsteller aufbauen o Raucherentwöhnungskurse anbieten

131

		o Doofe Geschenke zu Weihnachten – Umtausch erleichtern oder eine Geschenk-Auktion veranstalten

Februar

Der Februar (lat. februare = reinigen) ist seit der Julianischen Kalenderreform im Jahre 45 v. u. Z. der zweite Monat des Jahres-Kalenders.

Der eigentliche Schalttag ist der 24. Februar, d. h. in Schaltjahren wird nach dem 23. Februar ein Tag eingeschoben, was jedoch nur für die kirchlichen Feiertage und Namenstage von Bedeutung ist, die sich vom 24. Februar und den folgenden Tagen in Schaltjahren auf den 25. Februar etc. verschieben.

Der alte deutsche Name für den Februar ist Hornung, weil der reife Rothirsch in diesem Monat sein „Gehörn" (Geweih, Stangen) abwirft und beginnt, ein neues Geweih zu schieben. Weitere gebräuchliche Namen waren Schmelzmond und Sporkel oder Spörkel. Bei Gärtnern war früher die Bezeichnung Taumonat (Taumond) üblich.

Die Bezeichnung Narrenmond für den Februar rührt daher, dass in dieser Zeit die alten Vorfrühlings- und Fruchtbarkeitsrituale abgehalten wurden, um die Dämonen des Winters zu vertreiben. Unter dem Einfluss der Christianisierung wurden diese ausgelassenen Feierlichkeiten als Fastnacht (Fassenacht, Fasnet) oder Fasching auf die Tage vor dem Aschermittwoch beschränkt, sodass diese Narrenzeit (meistens) im Februar endet.

Februar	o Karneval o Valentinstag	o Karnevals- schminkkurse o Alle männlichen Kunden Anfang Februar an- schreiben und an Valentinstag er- innern (Ideen für ein solches An- schreiben finden Sie unter 4.4 Kundenanschrei- ben

März
Der März ist der dritte Monat des Jahres im Gregorianischen Kalender.
Er hat 31 Tage und ist nach dem römischen Kriegsgott Mars benannt, deshalb nannten ihn die Römer Martius. Am 20. März (früher auch 21. März) ist die Tag- und Nachtgleiche – die Sonne steht genau über dem Äquator und geht damit genau im Osten auf und genau im Westen unter (Frühlingsanfang).

März	o Frühlingsanfang o Garten o Weltfrauentag (08.03.)	o Glückwunsch- schreiben zum Frühlingsanfang o Fahrrad-TÜV o Fit für die Motor- rad-Saison (viel- leicht in Koope- ration mit dem ADAC)

		o Tipps für den Garten
		o Tüten mit Blumensamen verteilen
		o Glückwunsch an alle Frauen

April

Der April ist der vierte Monat des Jahres im Gregorianischen Kalender. Er hat 30 Tage.

Der Name bezieht sich vermutlich auf die sich öffnenden Knospen im Frühling und kommt vom Lateinischen aperire = öffnen. Der alte deutsche Name ist Ostermond (durch Karl den Großen im 8. Jahrhundert eingeführt), weil Ostern meist im April liegt.

Seit dem 16. Jh. ist in Europa der Brauch belegt, am 1. April einen Aprilscherz zu begehen, indem man Mitmenschen mit einem mehr oder weniger derben Scherz oder einer Lügengeschichte „in den April schickt".

| April | o Aprilscherz
o Ostern | o Aprilscherz oder Kunden Ideen für Aprilscherze geben
o Hochzeitsvorbereitungskurse (im Mai heiraten viele Paare)
o Checkliste für eine gelungene Hochzeit
o Osterkarten-Schreib-Service |

Mai

Der Mai ist der fünfte Monat des Jahres im Gregorianischen Kalender.

Er hat 31 Tage und ist nach Iupiter Maius benannt, dem römischen Gott des Frühlings und des Wachstums. Karl der Große führte im 8. Jahrhundert den Namen Wonnemond ein (eigentlich althochdeutsch „wunnimanot" = Weidemonat), der darauf hinweist, dass man in diesem Monat das Vieh wieder auf die Weide treiben konnte. Die Bezeichnung Blumenmond hat der Mai wegen der Hauptblütezeit der meisten Pflanzen erhalten.

Nach alter Überlieferung darf man sich der zunehmenden Wärme erst nach den sogenannten Eisheiligen vom 11. Mai bis zum 15. Mai sicher sein.

Etwa seit dem 13. Jh. wird der Mai in Europa mit Maifeiern, -umgängen und -ritten wie z. B. Leonhardiritt, Georgiritt gefeiert, in vielen Gegenden Deutschlands und Österreichs ist das Aufstellen oft imposanter Maibäume gewachsenes Brauchtum, länger schon existierten Feste wie Pfingsten, Beltane oder Walpurgisnacht.

Im katholischen Kirchenjahr ist der Mai besonders der Verehrung der Gottesmutter Maria gewidmet (Maiandachten), weshalb er in diesem Umfeld auch als Marienmond bezeichnet wird.

Der erste Mai ist der internationale Feiertag der Arbeiterbewegung. Am 2. Sonntag im Mai ist in deutschsprachigen Ländern Muttertag.

Mai	o Muttertag	o Muttertagswanderrouten
	o Garten	
	o Maibaum	o Grillwettbewerbe
	o Pfingsten	o Grillsaisonauf-

		takt
	o Walpurgisnacht	o „Wir schreiben Ihre Hochzeits- karteneinladun- gen!"

Juni

Der Juni ist der sechste Monat des Jahres im Gregorianischen Kalender.

Er hat 30 Tage und enthält den Tag der Sonnenwende (21. Juni, abhängig von der Himmelsmechanik auch am 20. oder 22. Juni möglich), der der längste Tag mit der kürzesten Nacht des Jahres ist. Benannt ist er nach der römischen Göttin Juno, der Gattin des Göttervaters Jupiter, Göttin der Ehe und Beschützerin von Rom.

In Gärtnerkreisen spricht man auch vom Rosenmonat, da die Rosenblüte im Juni ihren Höhepunkt erreicht. Im Römischen Kalender war der Juni ursprünglich der vierte Monat und hatte 29 Tage.

| Juni | o Schwimmen o Rosen o Sommeranfang 21.06. o Ehemonat | o Exotische Früch- te vorstellen o Checkliste für den Koffer o „Wir planen Dein Sommerfest!" o Ehepaare an- schreiben „Die- ser Monat ist der Monat der römi- schen Göttin Juno, der Gattin des Göttervaters |

		Jupiter, Göttin der Ehe und Beschützerin von Rom. Wir wünschen Ihnen für Ihre Ehe Glück, Zeit zum Genießen und alles, was Sie sich wünschen!" ○ Checkliste für eine gelungene Party

Juli

Der Juli ist der siebte Monat des Jahres im Gregorianischen Kalender.

Er hat 31 Tage und ist nach dem römischen Staatsmann Julius Caesar benannt, auf den die Kalenderreform des Jahres 46 v. Chr. zurückgeht (siehe Römischer Kalender, Julianischer Kalender).

Der alte deutsche Name ist Heuet oder Heuert oder auch Heumonat genannt, da im Juli die erste Heu-Mahd eingebracht wird. Andere alte Namen für den Juli sind Bären- oder Honigmonat.

Die langjährige klimatologischen Durchschnittstemperatur liegt in Deutschland bei 16,9°C bei einer Sonnenscheindauer von 209 Stunden. Die durchschnittliche Regenmenge liegt bei 78 Litern pro Quadratmeter.

Juli	○ Sommer ○ Sonne & Regen ○ Julius Caesar	○ „Fit für das Be- werbungsge- spräch"-Vorträge ○ Tipps für eine stressfreie Reise- zeit ○ Reiseapotheken- tipps ○ 1 kostenlose Telefoneinheit für Urlaubsgrüße

August
Der August (Erntemonat, Ährenmonat, Sichelmonat,
Ernting, lat. Augustus) ist der achte Monat des Jahres
im Gregorianischen Kalender.
Der August hat 31 Tage und wurde im Jahre 8 v. Chr.
nach dem römischen Kaiser Augustus benannt, da er
in diesem betont.

August	○ Ausbildungsstart ○ Ferien ○ Ernte	○ Urlaub zu Hause

September
Der September ist der neunte Monat des Jahres im
Gregorianischen Kalender und hat 30 Tage.
Am 22. September oder 23. September ist die Tagund-
nachtgleiche – die Sonne steht genau über dem Äquator und geht an diesem Tag genau im Osten auf und
genau im Westen unter. An diesem Tag beginnt, ast-
ronomisch gesehen, der Herbst.

September	o Herbstanfang 23.09. o Reife Früchte o Start des Okto-berfest in Mün-chen o Weltkindertag (20.09.)	o Herbstanfang o Imprägnierspray für Schuhe und Jacken verteilen o Regenschirmser-vice (Erklärung unter 4.7) o Motorrad-Abschluss-Tour o Federweißer-Abend mit Wein-seminar

Oktober

Die Römer nannten ihren achten Monat des Jahres mensis october (octo = acht). Obwohl der Monat nach der Julianischen Kalenderreform 46 v. Chr. an die zehnte Stelle verschoben worden ist, ist es bei seinem römischen Namen geblieben. Andere urdeutsche Namen sind „Weinmonat", weist auf den Beginn der Weinlese und der weiteren Weinverarbeitung hin, oder „Gilbhart", da sich in diesem Herbstmonat das Laub gelb und braun färbt. Allgemein wird er wegen des Beginns der Verfärbung der Laubblätter häufig als goldener Oktober bezeichnet.

Oktober	o Drachensteigen o Tag der Deut-schen Einheit o Erntedank (1. Sonntag im Monat) o Halloween o Reformationstag	o Herbstspazier-gang mit Hunden o Oktoberfest o Halloweenparty o Drachenfest o Solidaritätslauf (Erklärung unter 4.7)

| | (Reformationstag (31. Okto-ber) Er erinnert an den An-schlag der 95 Thesen zur Ablasspraxis der Kirche an die Dompforte in Wittenberg durch Martin Luther und somit den Beginn der Reformation.) | |

November

Der November ist der elfte Monat des Jahres im Gregorianischen Kalender. Er hat 30 Tage.

Alte deutsche Namen für den November sind Windmond, Wintermonat und Nebelung.

Im Kirchenjahr gilt der November als ein Monat der Besinnung und des Gedenkens.

| November | o Nebel <br> o Karnevalsbeginn 11.11. um 11.11h | o Reifenwechsel <br> o Entspannungstag <br> o Geschenkideen anbieten <br> o Enteisungsspray für das Auto anbieten <br> o Karnevalsbeginn |

Dezember

Der Dezember ist der zwölfte und letzte Monat des Jahres im Gregorianischen Kalender. Er hat 31 Tage.

Am 21. oder 22. Dezember ist der Tag der Sonnenwende – die Sonne steht genau über dem Wendekreis des Steinbocks am südlichen Breitengrad von 23°26'. Dieser Tag ist auf der Nordhalbkugel der kürzeste im Jahr, die Nacht ist die längste, auf der Südhalbkugel exakt umgekehrt.

Der alte deutsche Name des Dezember ist Julmond. Der Name kommt vom Julfest, der germanischen Feier der Wintersonnenwende. Andere Namen für Dezember sind Christmonat, da Weihnachten, das so genannte Christfest, im Dezember gefeiert wird, oder auch Heilmond, da „Christus das Heil bringt".

Was das Kirchenjahr betrifft, so beginnt es, abweichend von der weltlichen Kalenderzählung, mit Sonntag, dem 1. Advent. Dieser kann schon im November oder auch im Dezember liegen, je nachdem, an welchem Wochentag Weihnachten liegt.

| Dezember | ○ Nikolaus
○ Weihnachten
○ Winteranfang
  22.12. | ○ Geschenkekauf-
  service
○ Origamikurs
○ „So verpacken
  Sie Ihre Ge-
  schenke origi-
  nell"
○ „Die festlich
  gedeckte Tafel!" |

Allgemeine Verblüffungsaktionen

- bei Regen einen Butler mit Regenschirm, der die Kunden bis zum Parkplatz begleitet
- Solidariätslauf: Kinder einer Schule suchen Sponsoren, die pro Kilometer einen Betrag spenden. Die Kinder laufen, wandern oder gehen dann an einem Tag eine abgesteckte Strecke. Sie können so viele Kilometer absolvieren, wie sie möchten. Streckenposten bestätigen dies (abstempeln o. ä.). Die Kinder sammeln dann mit der Bestätigung die „Sponsorengelder" pro Kilometer ein (wenn also der Vater 0,50 € pro Kilometer spenden wollte und das Kind 5 Kilometer gelaufen ist – dann muss der Vater 2,50 € zahlen). Die Gelder werden gesammelt und mit viel Presse an eine karitative Einrichtung abgegeben (Vordrucke finden Sie im Anhang).
- Dichtersprecher: auf einer Messe, einem Tag der offenen Tür oder einfach nur mal so: Sie suchen sich einen Literaturstudenten oder eine andere belesene Person, die einige schöne Gedichte auswendig aufsagen kann (mindestens 5). Diese Person trägt ein Schild, auf welchem die Gedichte zu lesen sind, und hält in einer Hand eine Sammeldose. Das Prinzip ist jetzt wie das einer Musikbox. Geld einwerfen, Gedichte-Nummer sagen und der Sprecher trägt das Gedicht vor. Das

gesammelte Geld wird dann für einen solidarischen Zweck gespendet.

- **Baby-Watching:** Eine schöne Aktion, insbesondere wenn Sie eine Mitarbeiter-Fotowand einführen wollen oder bei einem größeren Mitarbeiterwechsel Ihre Kunden damit vertraut machen möchten. Sie hängen eine Fotowand der Mitarbeiter Ihrer Firma auf und daneben eine Fotowand mit Babyfotos (der Mitarbeiter). Jedes Foto ist mit einer Nummer versehen. Die Kunden sollen dann herausfinden, welcher Erwachsene welches Baby war, die Namen und Nummern zusammenfügen und in einen Bogen eintragen, welcher dann in eine Tombola kommt. Bügelservice (Jeder Kunde, der am … für … € einkauft, bekommt seine Bügelwäsche von uns kostenlos gebügelt).
- **Dankeschönpunkte:** Wenn ein Kunde sich z. B. beschwert, verschenken Sie einen „Dankeschönpunkt" mit dem Wert XY.
- Einpark-Service
- Fahrrad-TÜV
- Motorrad-Treffen
- Hochzeitsvorbereitungskurse im April in Kooperation mit einer Tanzschule
- Fit fürs Bewerbungsgespräch-Vorträge anbieten
- Kochvorführung
- Kutschfahrten
- Termin-Erinnerungen per SMS
- Brillenreinigungstücher

- Toilettenartikel in einem „Habs-vergessen-Schrank" bereitstellen
- Tageszeitung zur Verfügung stellen
- Regionale oder individuelle Wartetöne im Telefon (Möwe, Wind …) ACHTUNG: bei Musik die Gemagebühren nicht vergessen ☺
- bei Wartezeiten Gewinnlose, z. B. Aktion Mensch, verteilen
- Anschreiben zum Namenstag
- Karneval-Schminkkurse
- An den Valentins-Tag erinnern (schauen Sie im Jahresplan und unter Punkt 4.4)
- Tipps für den Garten
- Jahresaktion: „Welcher Kunde hat mit welcher berühmten Person zusammen Geburtstag?")

Ideen gibt es viele … Seien Sie also kein Ochse – seien Sie anders und genießen Sie das gute Gefühl, wenn sich ein anderer Mensch aufgrund Ihrer Aktivität freut!

Maßnahmen zur Kundenbindung und Kundenverblüffung

A

- Auto-Kennzeichen-Wettbewerb
- Abschlussball
- Alleinunterhalter (Haraldino)
- Aktion „Leuchtende Kinderaugen"
- ADAC-Prüfwoche
- Aktion Sorgenkind-Neu: Aktion Mensch
- Aktionen mit Prominenten
- Amerikanische Woche
- Ausstellungen
- Autoschau
- Autokino
- Autogrammstunden mit Prominenten

B

- Baby-Watching
- Butler mit Regenschirm
- Bügelservice
- Babywickelkurse
- Ballonfahrten
- Bingo (jeder zehnte Kunde ...)
- Balkon, der schönste Balkon
- Basar
- Bastelwettbewerb
- Bauchtanz
- Bayrische Brotzeit
- Bierzelt
- Blasorchester
- Blumensträuße
- Brasilianische Show

- Brathähnchen vom Grill
- Bunter Abend
- Body-Painting

C

- Das Club-im-Club-System
- Cardiowettbewerb mit besonderen Aktionen
  (Schirm, Mütze …)
- Casinoabend
- Campingausstellung
- Christkindl-Markt
- Clown
- Computerspiele
- Cowboy
- Candle-Light-Shopping

D

- Dankeschönpunkte
- Dichterlesung
- Dichterwettbewerb
- Diskothek
- Do-it-yourself-Aktionen
- Doppelgänger
- Diabetiker-Woche

E

- Einparkservice
- Einpackservice (Geschenke u. ä.)
- Email-Newsletter
- Einmachzeit
- Einradfahrer

- Englische Woche
- Erbsensuppeessen
- Erntedankfest
- Eröffnungswoche
- Exotische Früchte vorstellen

F
- Flohmarkt
- Foto (Hochzeit, Kinder, ...)
- Fitness- und Gesundheitstag
- Fahrrad-TÜV
- Fakirshow
- Fanfarenzug
- Feinkost aus aller Welt
- Fettfrei in den Sommer
- Festtafel
- Festwagen
- Festzelt
- Feuerwerk
- Filmvorführung
- Fit in den Urlaub
- Flohzirkus
- Fotosafari
- Foto-Wettbewerb
- Französische Woche
- Freiflüge
- Frühlingsfest
- Frühstück
- Fußballwettspiele

G
- Glühweinabend

- Gewinnspiele (Buchstaben suchen, Rennspiele)
- Garten, der schönste Garten
- Gartenfest
- Gaumenfreuden
- Geburtstagsfest
- Geschäftseröffnung
- Geschicklichkeitsfahren
- Gesundheitswoche
- Go-Cart-Rennen
- Gratisfahrten
- Grillparty

H
- Hochzeitsvorbereitungskurse
- Handarbeiten
- Handlesen
- Hausfrauen-Nachmittag
- Heiße-Tage-Angebote
- Heißluftballon
- Hochzeitsbasar
- Hochzeitstisch
- Holländische Woche
- Hubschrauberrundflüge
- Hundeschau
- Hüpfburg für Kinder
- Halloween

I
- Infomarkt – Wie entstehen Stoffe?
- Imitatoren von Prominenten
- Internationale Woche
- Italienische Woche

J

- Jagdausstellung
- Jahrmarkt
- Japanische Woche
- Jazzband
- Jodler
- Jubiläumsverkauf
- Junge Mode

K

- Kindertag
- Kochvorführungen
- Kundenbefragungen
- Kunde des Monats / des Jahres
- Kunden dekorieren
- Konfirmation / Kommunion (Kerzen dazu o. ä …)
- Knigge-Kurse (Etikette / Benimmkurse)
- Kindergärten / Schulen / Heime einladen
- Kanufahrten
- Kapellenwettbewerb
- Karneval
- Käse-Wein-Woche
- Kasperletheater
- Kinderfest
- Kinderfilme
- Kinderkarussell
- Kindertheater
- Kinderzirkus – Überraschungen verstecken
- Konzert
- Kostümfest

L

- Laser-Beamer-Vorführungen
- Laternenumzug
- Länderschau
- Lautsprecherwagen
- Legowettbewerb
- Londoner Woche
- Luftballonwettbewerb

M

- Markt (in Kooperation mit anderen Unternehmen z. B. Gemüse, Schlemmer-Abend, Wein ...)
- Marktführungen
- Messe
- Marktschreier
- Malwettbewerb
- Maibowle
- Mobile Disco oder Musikkapelle
- Modenschau
- Muttertag
- Maggi-Kochstudio einladen

N

- Narrenkostüme prämieren
- Namenstag
- Negerkuss-Wettbewerb
- Nikolaus
- Nostalgischer Jahrmarkt
- Nostalgie-Woche

O

- Olympiade mit verschiedenen Disziplinen
- Osteraktionen (Eier sammeln, wer die meisten findet, hat gewonnen)
- Oktoberfest
- Ochse am Spieß
- Oldtimerbus
- Oldtimer-Rallye
- Orgel-Wettbewerb
- Ostern
- Österreichische Woche

P

- Ponyreiten, Kutschfahrten
- Party 1 x im Monat
- Preisraten
- Popcornmaschine
- Präsentkörbe
- Poolbillard
- Portraitmalen
- Preisangeln
- Preisausschreiben
- Puzzle-Wettbewerb

Q

- Quiz

R

- Ratespiele
- Rennwagenschau
- Rallye
- Rezept-Wettbewerb

- Reiseapotheke
- Rouletttisch
- Rumtopf

S

- Samstags Auto-Wasch-Service
- Sammelbestellungen Quelle/Otto etc
- Spargelfest
- SMS-Verteiler
- Saisonauftakt
- Sandwich
- Sankt-Martins-Tag
- Second-Hand-Ware
- Schießbude
- Single-Markt
- Schlachtfest
- Schnellzeichner
- Schützenfest
- Seifenblasen
- Sektempfang
- Showbacken
- Skandinavische Woche
- Solidaritäts-Läufe
- Sommerfest
- Sommerschlussverkauf
- Sonderangebote
- Sortimentsaktion
- Spanferkel-Essen
- Sportfest
- Stadtjubiläum
- Suchrätsel
- Südamerikanische Woche

T

- Tüten-Trageservice
- Themenwoche (Hawaiiwoche etc)
- Festlich gedeckter Tisch
- Tag der offenen Tür
- Tannenbaumverkauf
- Texas-Bull-Riding
- Torwandschießen
- Travestie-Show
- Trödel-Markt
- Turnfest

U

- Unternehmens-Rallye: Jeden Tag müssen Fragen rund um das Unternehmen beantwortet werden; z. B.: Wann hat Herr XY Geburtstag. Wie lange gibt es das Unternehmen schon? ...) Besonders gut, um Neukunden zu informieren und integrieren!
- Schicken Sie Ihre schönste Urlaubskarte
- Umzüge veranstalten
- Unterhaltungsabend
- Urlaub zu Hause
- Urlaubsfest
- Überraschungen verstecken
- (immer an aktuelle Ereignisse anknüpfen, z.B. 1. Mai = Schokomaikäfer mit nettem Gruß)

V

- Vermiss-dich-Karten
- Vorträge jeder Art (Motivation, Stress ...)
- Valentinstag, 14. Februar

- Vatertag
- Vereinsjubiläum
- Verkauf ab Lkw

W

- Weihnachtsmarkt
- Weinprobe
- Wunschkonzert mit Wurlitzer
- Weihnachtsmann
- Werbedamen-Einsatz
- Westernreiten
- Woche des ...
- Würstchenbude

Y

- Yoga

Z

- Zeichner, der Kunden malt
- Zauberer

4.8 Berichte konkreter Aktionen mit meinen Kunden

Hier finden Sie einige Kundenverblüffungsmaßnahmen aus meiner beruflichen Praxis im Überblick. Viele weitere Ideen sind in jedem einzelnen Kapitel des Buches bereits angesprochen und vorgestellt.

4.8.1 Kunden, die ihre Redeangst bei mir im Coaching ablegen

Redeangst

Oft buchen mich Kunden, wenn Sie eine Rede halten müssen und sich davor scheuen oder das Reden optimieren möchten.

Nach dem Coaching erhalten meine Kunden – rechtzeitig vor der Rede – ein Päckchen, in welchem ein kleines Büchlein mit Zitaten und eine Dose Red Bull verpackt sind. Beiliegend gibt es eine Karte mit folgenden Worten: „Mögen dieses Buch und dieses Getränk Ihren Worten Flügel verleihen. Viel Erfolg bei Ihrer Rede!
Ihre Daniela A. Ben Said"

Mögen dieses Buch und dieses Getränk Ihren Worten Flügel verleihen.

Wenn wir bei Quid agis* meinten, es wäre mal wieder an der Zeit gewesen, etwas für unsere Bekanntheit zu tun, dann haben wir bereits erfolgreich folgende Ideen in die Tat umgesetzt:

Bekanntheit

* Mit der Ponykutsche durch die Stadt fahren und Flyer verteilen
* An einer vielbefahrenen Ampelkreuzung entweder
  * einen Autoscheibenwaschservice in Quid-agis-Kleidung
  * an regnerischen Tagen in Quid-agis*-Papp-Bechern heißen Kakao oder Kaffee verteilen
  * Lunchpäckchen mit Müsliriegel, einem Getränk und natürlich unseren Flyern in das Auto reichen
  * Äpfel verteilen
* Eine Charitiy-Veranstaltung
* Kostenlose „Fit-für-das-Bewerbungsgespräch-Vorträge" an Schulen
* Ein Brief an meine Kunden mit einer Wunschliste: „Wenn Quid agis* eine gute Fee wäre, welche Wünsche hätten Sie?" Einige dieser Wünsche setzten wir dann medienwirksam um.

4.8.3 Ein Theater

Rührend

In einem kleinen Theater hat ein älterer Herr ein lebenslanges kostenloses Theaterabo gegen folgende Gegenleistung erhalten: Mindestens einmal pro Woche sitzt er an der Garderobe. Geben Menschen eine Jacke ab, an der der Aufhänger abgerissen ist, dann näht er diesen wieder an.

4.8.4 Ein Bekleidungsunternehmen

Ein großes Modehaus im Landkreis Osnabrück setzt mit uns zusammen immer mal wieder Kundenverblüffungsaktionen um. Hier eine Auswahl:

- ❖ Aktion „Alt gegen Neu" für einen guten Zweck; Die Kunden bringen ihre Altkleidung in das Modehaus, erhalten dafür einen Warengutschein in Höhe von 5,00 €. Die Altkleidung wird von dem Modehaus einer sozialen Einrichtung gespendet.
- ❖ Eine Streichelwiese mit Meerschweinchen, Kaninchen und Miniponys
- ❖ Eine Hypnosevorführung
- ❖ Schuhputzservice
- ❖ Single-Shopping

Ein Autohaus in Leer, welches seit einem Jahr mit mir zusammenarbeitet verblüfft seine Kunden wie folgt:

❖ Die Autos werden nach dem Servicebesuch gewaschen und in Wegfahrrichtung geparkt

❖ Nach jedem Servicecheck liegt im Auto ein Karte mit einem schönen Zitat, dem Namen des für die Werkstattleistung verantwortlichen Mitarbeiters und die direkte Durchwahlnummer von diesem Mitarbeiter

❖ Ein anderes Autohaus hat sich auf Tuning-Fans spezialisiert und eine Kooperation („Crossmarketing") mit einer Apotheke geschlossen. Nach jeder Werkstattleistung liegt im Auto eine Tablette gegen Reiseübelkeit mit folgendem Text: „Wenn Ihr Beifahrer Ihre PS nicht aushalten sollte! Herzliche Grüße von Ihrem Autohaus und der Apotheke!"

❖ Wenn eine Werkstatt erkennt, dass Hundehaare im Auto sind, wird immer ein kleines Hundeleckerchen ins Auto gelegt

4.8.6 Ein Restaurant

❖ Ein Restaurant serviert bei jeder heißen Suppe
sofort Taschen- und Brillenputztuch (Essen Sie
mal heiße Suppe – Sie werden sofort verstehen
warum: Die Nase läuft und die Brille beschlägt.)

❖ Eine anderer Gastronomiebetrieb bestätigt Reser-
vierungen per SMS und reserviert mit Namens-
schild einen Parkplatz vor dem Haus

Viele IT-ler lassen sich von mir beraten. Verblüffung bedeutet in dieser Branche:

- ❖ Eine Sprache, die der Kunde versteht
- ❖ Bei Installierung von Netzwerken nach der Lieblingsstartseite im Internet fragen und einrichten
- ❖ Erinnerung an Virenschutzverlängerung
- ❖ PC-Kurse für „Senioren"
- ❖ 24-Stunden-Service
- ❖ Verschiedene Bildschirmschoner
- ❖ Tolle Hintergrundmusik für die Telefonanlage (ACHTUNG: GEMA-GEBÜHREN)

4.8.8 Quid agis*

So was machen wir!

❖ Auf jede unserer Überweisungen schreiben wir „Danke". bei Gehaltszahlungen, bei Handwerkerrechnungen. Wir haben gelernt: „Jeder Kontakt zählt!" Auch mein Handwerker ist ein potentieller Kunde – noch ein Grund mehr, seine Rechnungen irrsinnig pünktlich zu bezahlen.

❖ Für Kinder steht bei uns selbstverständlich immer eine Spielkiste bereit.

❖ Unsere Räume haben tollen Namen:
  - o Mein Büro: „Kreativschmiede"
  - o Mitarbeiterbüro: „Wir-schaffen-das-schon"
  - o Therapiezimmer: „Alles-wird-gut-Zimmer"
  - o Entspannungsraum: „Zukunft"
  - o Seminarraum 1: „Positiv-Werkstatt"
  - o Seminarraum 2: „Denkstätte"
  - o Küche: „Futterkammer"

❖ Überall stehen bei uns Plätzchen- und Süßigkeitendosen mit folgenden Aufschriften: „Die Letzten", „Ab-morgen-mache-ich-Diät", „Nie-wieder-Schokolade"

❖ Auch unsere Getränke werden nett offeriert:
  - o Die Kaffeekanne hat die Aufschrift: „Den-hab`-ich-mir-verdient"
  - o Die Teekanne: „Ich-gönne-mir-mal-Ruhe-Tee"

Selbstverständlich ist immer alles CI-Konform!

4.8.9 Kundengewinnung à la Quid agis*

❖ Nach jedem Gespräch machen wir uns Notizen über die Erfahrungen mit dem Menschen gegenüber. Bei einem potentiellen Kunden beispielsweise hatte ich zwar einen freundlichen Kontakt – aber es ist kein verbindlicher Auftrag entstanden. Da dieses Gespräch in einem Restaurant stattfand, notierte ich mir nach dem Gespräch Folgendes:

- o Kunde scheint Apfelstrudel mit Vanillesauce zu lieben – hat aber keinen gegessen ... wegen der Figur???
- o Kunde hat am 01.01.0001 Geburtstag

Das war alles an Notizen. Mein Telefon erinnert mich glücklicherweise immer an solche Termine. Also habe ich zu seinem Geburtstag einen Apfelstrudel mit Vanillesauce in sein Unternehmen schicken lassen mit einem Kärtchen dran: „An seinem Geburtstag ist die beste Zeit, sich etwas richtig Leckeres zu gönnen! Herzlichen Glückwunsch und guten Appetit.
Daniela A. Ben Said von Quid agis."

Der Kunde bucht mich bis heute ;-)

4.8.10 Unsere Mitarbeiter sind unser höchstes Gut!

Unsere Mitarbeiter sind unser höchstes Gut! Daher gelten viele Kundenverblüffungsmaßnahmen auch für die Mitarbeiter. Besuchen Sie gerne unsere Website und Sie finden Ideen für freundliche Mitarbeitervorstellungen. Genauso werden unsere Mitarbeiter auch auf einer Fotowand im Unternehmen vorgestellt. Weitere Ideen zu professioneller Mitarbeiterführung werden in dem 4. Buch von Daniela A. Ben Said behandelt. Voraussichtlicher Erscheinungstermin 2009.

Freundlichkeit
„Wir können unsere Vertriebsleistung im Inland um 25 %
steigern, wenn sich alle Beschäftigten angewöhnen,
jeden Kunden, den sie sehen, freundlich zu begrüßen."
Hilmar Kopper, Aufsichtsrat der Deutschen Bank

Menschenorientierung
„Konsumenten sind Statistiken – Kunden sind Men-
schen!"
Stanley Marcus, amerikanischer Unternehmensberater

Leistung
„Hören Sie niemals auf, Ihre Leistung zu verbessern –
auch wenn Sie marktführend sind."
Lothar J. Seiwert, Zeitmanagementpapst

Qualität
„Wir werden hier gute Schiffe bauen. Mit Gewinn – wenn
wir können. Mit Verlust – wenn wir müssen. Aber immer
gute Schiffe!"
*Collins P. Huntington, Gründer der New Port Ship Building,
1896*

Denken
„Weil Denken die schwerste Arbeit ist, die es gibt, be-
schäftigen sich auch nur wenige damit."
Henry Ford, Gründer von Ford

Menschen

„Nehmen Sie die Menschen, wie sie sind, andere gibt's nicht."

Konrad Adenauer, 1. Bundeskanzler der Bundesrepublik Deutschland

Erfolg

„Erfolg besteht darin, dass man genau die Fähigkeiten hat, die im Moment gefragt sind."

Henry Ford, Gründer von Ford

„Das Geheimnis des Erfolges ist, den Standpunkt des anderen zu verstehen."

Henry Ford, Gründer von Ford

Wahrheit

„Wer die Wahrheit nicht weiß, der ist bloß ein Dummkopf. Aber wer sie weiß und sie eine Lüge nennt, der ist ein Verbrecher."

Bertolt Brecht, dt. Dramatiker und Theatertheoretiker

Verkauf

„Enten legen ihre Eier in Stille. Hühner gackern dabei wie verrückt. Was ist die Folge? Alle Welt ißt Hühnereier."

Henry Ford, Gründer von Ford

Glück

„Glück ist ein Parfüm, das du nicht auf andere sprühen kannst, ohne selbst ein paar Tropfen abzubekommen."

Ralph Waldo Emerson, amerikanischer Dichter und Philosoph

Eigenverantwortung

„Es hängt von dir selbst ab, ob du das neue Jahr als Bremse oder als Motor benutzen willst."
Henry Ford, Gründer von Ford

Relativität

„Wenn man zwei Stunden lang mit einem Mädchen zusammensitzt, meint man, es wäre eine Minute. Sitzt man jedoch eine Minute auf einem heißen Ofen, meint man, es wären zwei Stunden. Das ist Relativität."
Albert Einstein, deutscher Physiker und Nobelpreisträger

Lösungen

„Nicht mit Erfindungen, sondern mit Verbesserungen macht man Vermögen."
Henry Ford, Gründer von Ford

Stärke

„Stärke wächst nicht aus körperlicher Kraft – vielmehr aus unbeugsamen Willen."
Mahatma Gandhi, indischer Freiheitskämpfer

Angebot

„Ich prüfe jedes Angebot. Es könnte das Angebot meines Lebens sein."
Henry Ford, Gründer von Ford

Armut

„Wenn die Meisten sich schon armseliger Kleider und Möbel schämen, wieviel mehr sollten wir uns da erst armseliger Ideen und Weltanschauungen schämen."
Albert Einstein, deutscher Physiker und Nobelpreisträger

5. Stolpersteine

Sie haben das Buch jetzt fast bis zum Ende durchgelesen, Ideen gesammelt, selbst welche entwickelt und wollen starten. Vielleicht fragen Sie sich jetzt:
Was ist wenn ...
- mein Team nicht mitmacht?
- ich keine neuen Ideen finde?
- meine Kunden die Ideen nicht gut finden oder mir keine Rückmeldung geben?

> Von allen Sorgen, die ich mir machte, sind die meisten nicht eingetroffen.
>
> *Sven Hedin*
> *schwedischer Geograph und Entdeckungsreisender*

Im Folgenden finden Sie Lösungsansätze. Letztlich gilt: Versuch macht klug!

5.1 Das Team macht nicht mit

Sie wollen nun Ihr Team begeistern? Okay, kein Problem, wenn Sie einige Regeln berücksichtigen.

Arbeiten Sie wie Walt Disney: Walt Disney hat sein Team in einem Kreativitätsprozess immer wieder in drei Räume geführt.

Arbeiten Sie wie Walt Disney!

Raum 1: Der Träumer

> Schon die Mathematik lehrt uns, dass man Nullen nicht übersehen darf.
> *Gabriel Laub*
> *polnisch-deutscher Schriftsteller*

In diesem Raum wird gesponnen und gedacht – ohne jegliche Wertung. Oftmals ist die Wertung das erste Hindernis für ein Team. Kaum macht ein Kollege einen Vorschlag, sind schon die ersten Kollegen – oder schlimmer noch – der Chef am Stöhnen, Ablehnen oder am ins Lächerliche ziehen. Das zerstört jede Form von Idee oder Neuerung.
Also etablieren Sie in dieser ersten Phase (Sie müssen ja nicht unbedingt einen extra Raum dafür einrichten), dass alle Vorschläge willkommen sind – egal wie verrückt, egal wie unmöglich – alles ist erlaubt und nichts wird bewertet.

Raum 2: Der Kritiker

> Zwei Dinge sind zu unserer Arbeit nötig:
> Unermüdliche Ausdauer und die Bereitschaft, etwas, in
> das man viel Zeit und Arbeit gesteckt hat,
> wieder wegzuwerfen.
> *Albert Einstein*
> *deutscher Physiker und Nobelpreisträger*

In diesem „Raum" wird jede Idee kritisch unter die Lupe genommen. Jede Idee wird auf sein Aufwand-Nutzen-Verhältnis geprüft. Ist der Aufwand für ein zu kleines Ergebnis zu groß – so fällt diese Idee (vorübergehend) heraus.

Raum 3: Der Handelnde

> Einen Vorsprung im Leben hat, wer da anpackt, wo die
> anderen erst einmal reden.
> *John F. Kennedy*
> *35. Präsident der USA*

In diesem Raum prüfen Sie jetzt:
- Welche Ideen sind übrig geblieben?
- Wie werden diese Ideen priorisiert?
- Wer macht was mit welchem Budget bis wann?
- Controlling und Notizen: Was war gut, was war schlecht und was machen wir beim nächsten Mal besser?

Wenn sich Ihr Team partout nicht motivieren lassen will:

- Stellen Sie im Gespräch immer Gegenfragen, z. B.
  - Was muss geschehen, damit Sie, lieber Mitarbeiter XY, doch bei diesem Projekt mit dabei sind?
  - Was benötigen Sie, um es umsetzen zu können?
- Reagieren Sie gelassen auf Angriffe, indem Sie erst Verständnis zeigen („Okay ... es ist ja auch wirklich eine total verrückte Idee! Mein erster Gedanke war auch, dass ich spinne – aber was, lieber Mitarbeiter, wäre denn Ihrer Meinung nach eine gute Lösung?")
- Lassen Sie sich binnen einer Woche eine Liste mit 10 Möglichkeiten zur Kundenbegeisterung vorlegen, die der Mitarbeiter besser findet als Ihre Vorschläge.
- Suchen Sie das Kernproblem („Worum geht es wirklich?") und im Zweifel investieren Sie in einen guten Coach/Berater/Mediator.

5.2 Ihnen fehlen Ideen

Menschen mit einer neuen Idee gelten so lange als
Spinner, bis sich die Sache durchgesetzt hat.
Mark Twain
US-Schriftsteller

Was können Sie unternehmen, wenn Sie alle Ideen dieses Buches aufgebraucht haben (und ich wirklich keinen Fortsetzungsband geschrieben habe) und Sie in einer kreativen Nullphase stecken?

Kreativitäts-Workshop

Kreativität: lateinisch-französisch – das Schöpferische, die Schöpfungskraft.
Kreativität wird in die praktische und die künstlerische Kreativität unterteilt.
Die praktische Kreativität zeichnet sich durch ungewöhnliche Lösungswege kniffliger Probleme im Alltag aus; die künstlerische Kreativität findet sich in außergewöhnlichen Bildern, Musikstücken oder Design.

Genies verbinden Ehrgeiz, Genialität,
Talent und Glück.

Jede Mutter, jeder Vater, die/der ein Kind großzieht, ist kreativ, ebenso wie die Frau, die das Sekretariat organisiert, oder der Mann, der im Fußballverein für die Werbung sorgt. Jeder ist im Alltag kreativ. Kreativität hat viele Gesichter, und jeder Mensch hat seine eigene Definition vom Schöpferischen.

Sollten Sie allerdings denken, nicht kreativ zu sein, ist das erstens nicht richtig und zweitens änderbar. Denn durch viele Übungen kann jede und jeder seine Schöpfungskraft verbessern.

Kreatives Potential
Über kreatives Potential, d. h. die Möglichkeit, schöpferisch zu handeln, verfügt jede Person. Kreativität ist lernbar – und wir wollen Sie bei diesem Lernprozess unterstützen.

Beginnen wir mit dem, was am Ende eines kreativen Prozesses steht: das kreative Produkt.

Egal, um was es sich handelt, jedes kreative Produkt sollte drei Kriterien erfüllen:
- es ist neu und anders als das Gewohnte
- es ist überraschend
- es ist von Bedeutung, d. h. es wird von anderen anerkannt

Um zu einem solchermaßen kreativen Produkt zu kommen, schauen wir uns den kreativen Prozess genauer an:

Sherlock-Holmes-Phase

Am Anfang steht das Problem, d. h. ein (oft unbewusster) Wunsch, etwas bewegen zu wollen. Bewusstes Nachdenken hilft kaum weiter. Man stellt zumeist fest, dass man noch einiges lernen muss, um das Problem lösen zu können.

Nun werden Sie zu einem Detektiv. Sammeln Sie alles, was Sie zu diesem Thema wissen, versuchen Sie, alle Fragen zu beantworten. Forschen Sie nach, verknüpfen Sie immer wieder in verschiedenen Reihenfolgen das gesammelte Wissen, sodass es in immer neuen Zusammenhängen erscheint.

Sie werden sehen, es entstehen immer wieder neue Ideen. Notieren Sie sich dabei jeden noch so verrückten Einfall – egal, wie abwegig er zunächst erscheint. Forschen Sie im Internet, sprechen Sie mit Menschen, reden Sie über Ihre Idee (oder das Problem), blättern Sie in Büchern, Zeitschriften, betrachten Sie Dinge, die vordergründig gar nichts mit dem Thema zu tun haben und suchen Sie Verknüpfungsmöglichkeiten.

Sie können Ihren Kreativitätsprozess unterstützen, indem Sie viel lesen, sich Bilder, Gemälde, Ausstellungen anschauen, viel mit anderen Leuten zu unterschiedlichen Themen reden. Seien Sie interessiert an allem, was Ihnen begegnet. Seien Sie offen gegenüber neuen Ideen, ohne sie gleich positiv oder negativ zu bewerten. Versuchen Sie, Ihre Arbeit inhaltlich sehr vielfältig zu gestalten, nutzen Sie jede Möglichkeit, etwas Neues zu lernen. Überlegen Sie, ob Sie Konflikte nicht durch Flexibilität und Offenheit lösen können.

Lernen Sie aber auch, allein zu sein und sich mit sich selbst zu beschäftigen. Lassen Sie sich nicht ablenken. Diese Phase der Suche und des Forschens kann relativ lange dauern, weil man immer wieder aufgeben möchte, da man sich über sein Ziel noch nicht eindeutig klar ist. Halten Sie durch – denken Sie beim Sport, beim Autofahren, beim Spaziergang immer einmal wieder über Ihre Aufgaben-/Problemstellung nach.

Die Reifephase

In der Reifephase beginnen Sie, im Geiste ein Bild der Problemlösung zu zeichnen. Die Informationen, die der Verstand aufgenommen hat, werden auf der unbewussten Ebene neu zusammengesetzt. Versuchen Sie, mit sich selbst geduldig zu sein – Sie werden zu einer Lösung kommen.
Und dann, beim Einschlafen, auf dem Nachhauseweg, im Theater kommt plötzlich die Erleuchtung. Sie wissen auf einmal, was die Lösung Ihres Problems ist; aus den verwirrenden Einzelteilen ist ein Ganzes geworden. Schreiben Sie Ihre Problemlösung auf.

Die TUN-Phase

In der letzten Phase, die eigentlich eine reine Pflichtübung ist, geht es darum, aus dem Problem und der gedachten Lösung eine Handlung zu initiieren. Selbstkritisch muss die Idee überprüft, geändert und umgesetzt werden.

5.3. Sie bekommen keine Rückmeldung von den Kunden

Sie haben eine tolle Aktion durchgezogen, Ihre Kunden verblüfft und dennoch bekommen Sie keine Rückmeldung. Machen Sie sich nichts daraus. Das kann viele Gründe haben und oft haben die Kunden auch nicht den Eindruck, dass Sie eine Rückmeldung benötigen: Frei nach dem Motto: DER weiß ja, dass er gut ist – sonst hätte er ja nicht SOLCHE Ideen.

Wenn Ihnen die Rückmeldung wichtig ist – sagen Sie es Ihren Kunden, indem Sie beispielsweise um eine Rückmeldung bitten. In jedem Seminar ende ich mit dem Satz: „Wenn es Ihnen gefallen hat, sagen Sie es mir bitte, sagen Sie es weiter und besuchen Sie mich wieder."

Wenn es Ihnen gefallen hat, sagen Sie es mir, sagen Sie es weiter und besuchen Sie mich wieder.

Vielleicht sind Sie auch enttäuscht, weil Ihre Mühe nicht gewürdigt wird oder Sie werden schamlos ausgenutzt oder Ihre Ideen werden Ihnen sogar gestohlen. Bedenken Sie immer, wie wenige von allen Kunden tatsächlich in einer solchen Weise handeln. Meist sind das nicht mehr als 2 %. Macht es Sinn, sich über diese 2 % zu ärgern? Sollten wir nicht vielmehr unsere Energie aus den anderen, den zufriedenen und begeisterten Kunden schöpfen? Zerstören Sie Ihre Begeisterung nicht durch negatives Denken und Fehlersuche. Viele andere Kunden sind Ihnen dankbar!

In meinem Institut habe ich nur drei Damentoiletten. Das sind oft viel zu wenige, wenn Gäste im Haus sind. Um auch diesem Ort etwas Charme zu geben, habe ich mir etwas Besonderes, Außergewöhnliches einfallen lassen. Von außen ist an den Türen zu lesen:

- ❖ Toilette 1: Economy-Class
- ❖ Toilette 2: Business-Class
- ❖ Toilette 3: First-Class

Wenn Sie die Türen dann öffnen ist über der Papierrollenhalterung zu lesen:

- ❖ Economy-Class: Toilettenpapier 1-lagig
- ❖ Business-Class: Toilettenpapier 2-lagig
- ❖ First-Class: Toilettenpapier 3-lagig

Selbstverständlich finden Sie auf allen Toiletten das gleiche 3-lagige Papier, feuchtes Papier, Tampons und Binden. Aber die Menschen sprechen über diese Besonderheit – und während sie sprechen, merken sie gar nicht, wie lange sie warten müssen.

Ebenfalls finden Sie sowohl bei den Herren als auch bei den Damen auf der Toilette einen „Habs-vergessen-Schrank" mit folgendem Inhalt:

Damen:
* Seidenstrumpfhosen braun & schwarz
* Seidenstrümpfe braun & schwarz
* Pflaster

* Deo-Spray Nivea
* Labello
* Schuhcreme schwarz und farblos
* Reinigungstücher Nivea
* Haargel Nivea
* Haarspray Nivea
* Nivea-Creme
* Neutrogena Handcreme
* Odol Mundspülung
* Haarbürste
* Nagelknipser
* Nagelpfeile

Herren:
* Pflaster
* Deo-Spray Axe
* Labello
* Schuhcreme farblos
* Haargel Nivea
* Nivea-Creme
* Neutrogena Handcreme
* Odol Mundspülung
* Haarbürste
* Nagelknipser
* Kondome

Auf allen Toiletten finden Sie selbstverständlich auch Zeitungen.

Ob mir die Sachen nicht gestohlen werden? Natürlich werden mir Sachen entwendet … und wie! Sogar die

Batterien aus der Wanduhr wurden mir bereits gestohlen. Das ärgert mich aber wenig. Ich stellte dann, als es zu schlimm wurde, Schilder auf die Toiletten, auf denen zu lesen ist:

„Lieber Dieb der Batterien / Zeitungen / Tampons. Wir geben es zu – Sie haben gewonnen und uns verblüfft. Damit Sie in Zukunft deswegen aber nicht straffällig werden müssen – fragen Sie uns einfach – wir schenken Ihnen die Batterien / Zeitungen / Tampons."

Seit dieses Schild hängt, wird wesentlich weniger mitgenommen.

Lassen Sie sich durch die Verhaltensweisen einiger Kunden nicht abhalten, die ehrlichen Kunden weiterhin zu begeistern.

Meine schönste Kundenverblüffung durfte ich mit einer Hamburger Fluggesellschaft durchführen. Die Stewardessen haben bis heute Spaß bei der Sicherheitsdurchsage: „Verehrte Gäste. Es gibt 30 Wege, wie Sie Ihre Geliebte verlassen können – in diesem Flugzeug finden Sie nur zwei Notausgänge ..."

> Die höchste Form des Glücks ist ein Leben mit einem gewissen Grad an Verrücktheit.
> *Erasmus von Rotterdam*
> *niederländischer Humanist*

Hier finden Sie viele weitere Nützliche Dinge für Ihre Kundenverblüffung!

6.1 Namenstagliste & Bedeutung der Namen

Namenstagliste

01. Jan	Manuela	Wilhelm	Basilius	Fulgentius	
02. Jan	Gregor	Makarius	Dietmar	Basilius	Adelheid
03. Jan	Irmina	Genovefa	Adula	Odilo	Geni
	Hermine	Genoveva	Gordius	Primus	
04. Jan	Angelika	Roger	Angela	Marius	Elisabeth
	Anneliese	Anna	Christiana	Christiane	
	Titus				
05. Jan	Eduard	Emilie	Gerlach	Erminold	Tatiana
	Raffaela	Roger	Simeon	Johann Nepomuk	
06. Jan	Raphaela	Kaspar	Melchior	Balthasar	Wiltrud
	Pia	Gertrud	Makarius		
07. Jan	Valentin	Raimund	Rainold	Sigrid	Virginia
	Reinhold	Knud	Johann	Isidor	Widukind
08. Jan	Severin	Laurentius	Gundula	Heinrich	Torben
	Adolf	Thorsten			
09. Jan	Alexia	Julian	Eberhard	Basilissa	Adrian
	Alix	Berthold	Petrus	Julian	
10. Jan	Gregor	Wilhelm	Paulus	Amalie	Wilko
	Paul	Oliver			
11. Jan	Werner	Paulinus	Thomas	Tasso	Johannes
12. Jan	Tanja	Hilda	Ernst	Stefanie	Tatjana
	Xenia	Benedikt			
13. Jan	Gottfried	Hilarius	Ivette	Remigius	Hildemar
	Jutta	Yvonne	Remy	Helmar	

Datum				
14. Jan	Felix	Reiner	Engelmar	Helga	Mira
	Marina	Berno			
15. Jan	Maurus	Arnold	Konrad	Anton	Gabriel
	Makarius	Habakuk	Romedius		
16. Jan	Marcel	Marzellus	Tillmann	Theobald	Ulrich
	Otto	Honorat	Tillo	Tasso	Dietbald
17. Jan	Antonius	Beatrix	Beate	Roselin	Rosalind
	Leonie				
18. Jan	Regina	Priska	Odilo	Wolfrid	Uwe
	Ursula	Susanne	Margaretha		
19. Jan	Marius	Agritius	Heinrich	Mario	Martha
	Heinz	Heiko	Pia	Sara	Adelheid
20. Jan	Fabian	Sebastian	Elisabeth	Ursula	Jakob
	Ute	Hadwin			
21. Jan	Agnes	Meinrad	Ines	Patroklus	Pippin
	Josefa	Gunthild	Peter		
22. Jan	Walter	Vinzenz	Dietlinde	Anastasius	Gaudenz
	Irene	Theolind			
23. Jan	Heinrich	Ildefons	Hartmut	Liuthild	Wido
	Eugen	Desponsata	Emerentiana	Luido	
24. Jan	Franz	Vera	Eberhard	Bertram	Arno
	Feliciano	Bernhard	Timotheus		
25. Jan	Timotheus	Tim	Titus	Paula	Notburg
	Paulus	Eberhard	Wolfram		
26. Jan	Alberich	Albert	Robert	Stephan	Timotheus
	Julian	Dietrich	Edith	Gerhard	
27. Jan	Angela	Julian	Gerhard	Alrun	Dieter
	Dietrich	Unwan			
28. Jan	Thomas	Manfred	Karoline	Carola	Barbara
	Karoline	Jakob			
29. Jan	Valerius	Aquilin	Karl	Josef	Gerhard
	Martha	Sabine	Sabina	Radegund	Arnulf
30. Jan	Martina	Diethild	Maria	Adelgund	Serena
	Balthild	Xaver			

183

31. Jan	Johannes	Eusebius	Marzella	Hemma	Wolfhold
	Virgilius				
01. Feb	Siegbert	Gitta	Brigitte	Brigitta	Severus
	Winand	Barbara	Brigida	Katharina	Sabine
	Ignatius				
02. Feb	Dieter	Maria Kath	Gosbert	Markward	Bodo
	Alfred	Stephan	Burkhard	Dietrich	Haselog
	Stefan				
03. Feb	Oskar	Blasius	Ansgar	Werburg	Berlind
	Nona	Maria	Alois	Michael	Maria-Claudia
	Hadelin	Berlinda	Heridag	Nithard	Imda
	Margaretha				
04. Feb	Rhabanus	Rabanus	Veronika	Gilbert	Christian
	Johanna	Jakob	Andreas	Isidor	Hannelore
	Jenny				
05. Feb	Agatha	Ingenuin	Albuin	Adelheid	Elisabeth
	Adele	Alice	Amandus	Elke	Gaston
	Paul	Pagel	Philipp		
06. Feb	Gaston	Doris	Paul	Dorothea	Amandus
	Hildegund	Gottfried	Reinhild		
07. Feb	Moses	Richard	Ava	Nivard	Pius
	Lukas				
08. Feb	Hierony-mus	Philipp	Elfriede	Salomon	Jaqueline
	Milada	Johann	Josefine	Anna-Margarethe	
09. Feb	Apollonia	Lambert	Julian	Anna Kath	Alto
	Gottschalk	Antje	Anke	Michael	Erich
	Katharina	Julien	Rainald		
10. Feb	Scholastika	Wilhelm	Bruno	Siegmar	Wiko
	Gabriel	Rüdiger			
11. Feb	Theodor	Theodora	Theo	Jonas	Eleonora
	Benedikt	Gregor	Selma	Anselm	
12. Feb	Gregor	Benedikt	Antonius	Selma	Anselm
	Eleonora	Jonas			

13. Feb	Reinhild	Ekkehard	Irmhild	Kastor	Gosbert
	Gisela	Jordan	Gerlinde	Christina	Adolf
	Castor				
14. Feb	Kurt	Cyrill	Johannes		
15. Feb	Sigfrid	Prikt	Amarin	Drutmar	Siegfried
	Sigurd	Theodosius			
16. Feb	Juliana	Philippa	Simeon		
17. Feb	Silvinus	Ebermut			
18. Feb	Constanze	Simon	Konstantia	Angelikus	Martin Luther
	Konstantia	Simone	Flavian		
19. Feb	Irmgard	Bonifatius	Helene	Hadwig	Hedwig
	Konrad				
20. Feb	Falko	Korona	Amata	Jordan	Leo
	Eucherius	Henrietta	Friedrich	Isabella	
21. Feb	Petrus	Germanus	Pippin	Peter	Eleonore
	Irena	Germanius	Gunhild	Gunthild	
	Irene	Leodegar			
22. Feb	Isabella	Margareta	Elisabeth	Margarete	Noel
	Fortuna				
23. Feb	Polykarp	Willigis	Otto	Romana	Martha
24. Feb	Edelbert	Matthias	Ida	Eunike	Eunice
	Irmgard	Irma	Serge	Matz	Modestus
25. Feb	Walburga	Adeltrud	Adelhelm	Edeltraud	Sebastian
	Callisto	Luigi			
26. Feb	Gerlinde	Dionysius	Adalbert	Ottokar	Mechthild
	Ulrich	Alexander	Alexandra	Denis	Dionys
	Hilarius				
27. Feb	Emmanuel	Markward	Patrick	Baldemar	Gabriel
	Leander				
28. Feb	Roman	Silvana	Elisabeth	Oswald	Detlev
	Elise	Silvia	Sirin	Antonia	Justus
01. Mrz	Oswald	Almut	Roger	Albin	David
	Swidbert	Albin	Theresia	Venerius	

02. Mrz	Karl	Agnes	Karoline	Carolin	Grimo
	Volker				
03. Mrz	Camilla	Kunigunde	Friedrich	Bruno	Islav
	Tobias	Columbia			
04. Mrz	Kasimir	Rupert	Walburga	Humbert	Elsa
	Adrian	Basin	Umberto	Waltraud	
05. Mrz	Oliva	Dietmar	Fridolin	Gerda	Annema-rie
	Ingmar	Jeremia	Tim	Thiemo	Eusebius
	Anna-Maria				
06. Mrz	Mechthild	Coletta	Franziska	Elvira	Coleta
	Fridolin	Nicole	Rosa	Sissi	
07. Mrz	Reinhard	Perpetua	Felizitas	Volker	Johannes
	Thomas	Theresia	Felicitas	Reinhard	
08. Mrz	Johannes	Michael	Gerhard	Eddo	
09. Mrz	Bruno	Franziska	Brun	Dominikus	Francesca
	Fanny	Annette	Anne	Barbara	Dominik
	Gregor	Katharina			
10. Mrz	Candidus	Gustav	Ämilian	Emil	Attala
	Henriette	Alexander	John	Johannes	
11. Mrz	Rosamunde	Rosina	Ulrich	Theresia	Christoph
	Wolfrum	Heinrich			
12. Mrz	Beatrix	Almud	Gregor	Maximilian	
	Bea	Engelhard	Serafina	Simeon	Innozenz
13. Mrz	Leander	Answin	Rosina	Gerald	Judith
	Oswi	Paulina			
14. Mrz	Mathilde	Einhard	Eva	Evelyn	Konrad
	Jakob	Mathilde	Maud	Zacharias	Paulina
15. Mrz	Lukretia	Clemens	Zacharias	Louise	Pius
	Klemens	Anastasia	Longinus		
16. Mrz	Heribert	Hilarius	Herbert	Benedetta	Gummar
	Jean Rüdiger				
17. Mrz	Patrick	Gertrud	Johannes	Konrad	Gertraud
	Dietmut	Kurt	Josef		

18. Mrz	Cyrill	Eduard	Felix	Salvator	Sibylle
19. Mrz	Joseph	Josef	Josefa	Josefina	Angela
	Jupp	Marco	Marcus		
20. Mrz	Wolfram	Irmgard	Irma	Herbert	Claudia
	Martinus				
21. Mrz	Benedikt	Christian	Axel	Alexandra	Carsten
	Elias	Emilie			
22. Mrz	Lea	Elmar	Elma	Lear	Leo
	Clemens	Herlinde	Reinhilde		
23. Mrz	Eberhard	Merbot	Otto	Rebekka	Wolfgang
	Edelwald	Torbio			
24. Mrz	Katharina	Elias	Veit	Karin	Kira
	Aldemar	Simon	Heidelinde		
25. Mrz	Annunziata	Prokop	Jutta	Luzia	Maria
	Judith	Isaak	Ancilla	Humbert	
26. Mrz	Ludger	Larissa	Felix	Manuel	
27. Mrz	Frowin	Haimo	Ruprecht	Rupert	Ensfried
	Hubert	Heimo	Ludwig		
28. Mrz	Guntram	Wilhelm	Johanna	Janine	Gundelin-de
	Hugo	Ingo	Adalag	Adelheid	Ludwig
	Pierre	Priskus			
29. Mrz	Berthold	Helmut	Ludolf	Claudia	Wilhelm
	Eustasius	Ludo			
30. Mrz	Amadeus	Angela	Dietmund	Guido	Roswitha
	Dodo	Diermut	Patto	Ludwig	Quirin
31. Mrz	Cornelia	Kornelia	Benjamin	Goswin	Ben
	Heinrich	Goido	Klemens	Nelly	Achaz
	Amos				
01. Apr	Irene	Hugo	Irma	Irina	Amalie
	Agape	Valery	Karl		
02. Apr	Franz	Eustasius	Sandrina	Frank	Alexandra
	Leopold	Leopoldine	Marita	Marion	Mirjam
	Rosamunde	Sandra			

187

03. Apr	Richard	Riko	Reinhard	Elise	Lisa
	Lisbeth	Josef	Luigi		
04. Apr	Isidor	Konrad	Benedikt	Ambrosius	Heinrich
	Kurt	Veronika			
05. Apr	Vinzenz	Kreszentia	Gerhard	Juliana	Juliane
06. Apr	Andrea	Colestin	Sixstus	Petrus	Notker
	William	Wilhelm	Michael	Mischa	Renata
07. Apr	Johann Baptist	Johann	Hermann	Ralph	Burkhard
	Ursula	Albrecht	Maria		
08. Apr	Walter	Beate	Bea	Dennis	Denise
	Manegold	Rose-Marie			
09. Apr	Waltraud	Thomas	Konrad	Hugo	Kasilda
	Waltraud	Maria	Marcel		
10. Apr	Hulda	Fulbert	Ezechiel	Engelbert	Michael
	Daniel	Gerold	Magdalena		
11. Apr	Stanislaus	Reiner	Leo	Helena	Gemma
	Rainer	Elena	Hildebrand		
12. Apr	Zeno	Herta	Julius	Josef	Elias
	Konstantin				
13. Apr	Martin	Ida	Paulus	Paternus	Matthias
	Mathias	Merten	Gerda		
14. Apr	Lazarus	Ernestine	Lidwina	Tiburtius	Valerian
	Eberhard	Erna	Hedwig	Hedda	Matthias
	Mathias	Karolina	Lidia		
15. Apr	Waltmann	Anastasia	Damian	Cäsar	Huna
	Nidker	Waldo			
16. Apr	Gerwin	Bernadette	Waltmann	Anastasia	Damian
	Cäsar	Huna	Nidker	Waldo	
17. Apr	Isidora	Eberhard	Rudolf	Wilfried	Hermann
	Max				
18. Apr	Wiggo	Holger	Werner	Alexander	Florian
	Wigbert	Apollinus	Sacha	Barbara	Babette
	Agia	Herkula			

19. Apr	Leo	Gerold	Werner	Friedrich	Armina
	Emma	Kuno	Philipp		
20. Apr	Wilhelm	Hildegund	Viktor	Adolar	Odette
	Oda	Hugo	Wilke	Wimo	
21. Apr	Iphigenie	Alexandra	Kurt	Konrad	Anselm
	Anastasius	Reinmar			
22. Apr	Wolfhelm	Leonides	Kaj	Alfred	
23. Apr	Jörg	Georg	Adalbert	Gerhard	Gerd
	Jürgen	Teresa-Maria			
24. Apr	Fidelis	Wilfried	Egbert	Marian	Albert
	Helmut	Karl	Ivo	Marion	Marianus
	Theodor	Wilfried			
25. Apr	Franca	Markus	Erwin	Bernhard	Franka
	Hermann	Marco			
26. Apr	Kletus	Ratbert	Trudpert	Helene	Elena
	Jelena	Ilona	Ilka	Jelka	Eileen
	Eleni	Hella	Ketus		
27. Apr	Petrus	Hermine	Zita	Salman	Floribert
	Hemma	Anastasius	Montserrat	Roxana	Salzmann
28. Apr	Hugo	Pierre	Vitalis	Ludwig	Peter
	Adalag	Theodora			
29. Apr	Robert	Katharina	Irmtrud	Roswitha	Sibylla
	Katrin	Katja	Dietrich	Dieter	Irmtraud
30. Apr	Pius	Pauline	Heimo	Wolfhard	Hildegard
	David	Bernd	Katharina	Roswitha	Dieter
	Irmtraud				
01. Mai	Jeremias	Arnold	Augustin	Walburga	Berta
	August	Josef	Richard	Sigmund	
02. Mai	Athanasius	Sigismund	Boris	Zoe	Konrad
	Mafalda	Antonius	Kurt	Wibke	Athanasius
03. Mai	Viola	Sascha	Axel	Jakobus	Philippus
	Alexander	Philipp	Jakob	Bela	
04. Mai	Florian	Guido	Valeria	Briktius	Angelus

	Sigrid	Michael	Martin	Ladislaus	Cäcilia
05. Mai	Gotthard	Jutta	Stanislaus	Godehard	Irene
	Franz	Sigrid	Angelus		
06. Mai	Antonia	Gundula	Domitian	Markward	Valerian
	Marko	Britta			
07. Mai	Silke	Boris	Notker	Gisela	Helga
	Stanislaus	Rosa	Olga	Gernot	Johannes
08. Mai	Rachel	Désiré	Ulrike	Wigger	Friedrich
	Wolfhild	Ulrich	Klara	Ida	Désire
09. Mai	Beatus	Volkmar	Ottokar	Theresia	
10. Mai	Solange	Antonius	Isidor	Bertram	Johannes
11. Mai	Gangolf	Joachim	Mamertus	Ignaz	Franz
12. Mai	Pankratius	Imelda	Dominikus	Johann	
13. Mai	Servatius	Andreas	Magdalena		
14. Mai	Iso	Paschalis	Christian	Karsten	Carsten
	Bonifatius	Michael	Maria	Corona	
15. Mai	Sonja	Rupert	Sophia	Isidor	Heinrich
	Berta				
16. Mai	Johannes	Andreas	Simon		
17. Mai	Paschalis	Pascal	Walter	Antonia	Dietmar
	Bruno	Valerius			
18. Mai	Dietmar	Felix	Johannes	Burkhard	Blandina
	Erich	Erika	Alexandra	Roland	
19. Mai	Alkuin	Kuno	Konrad	Ivo	Colestin
	August	Berna	Yvonne	Verena	
20. Mai	Elfriede	Johann	Valeria	Bartholo-mäus	Ulrich
	Bartel	Valerie			
21. Mai	Hermann Jos		Konstantin	Wiltrud	Mirella
	Theobald	Karl	Ehrenfried		
22. Mai	Julia	Emil	Rita	Atto	Romuald
	Roman	Juliette			
23. Mai	Wibert	Wigbert	Renate	Renata	Dagmar
	Desiderius	Désirée	Johannes		

24. Mai	Esther	Dagmar	Susanna	Vinzenz	Magdalena
	Magdalene	Madeleine			
25. Mai	Beda	Gregor	Maria	Urban	Heribert
	Herbert	Maddalena	Miriam		
26. Mai	Alwin	Philipp	Maria Anna	Augustin	Alwina
	Marianne	Godo	Regintrud		
27. Mai	Brun	Gertrud	Julius	Bruno	Augustinus
	August	Augustin	Randolph		
28. Mai	Germanus	Wilhelm	German	Rudhard	Victor
29. Mai	Erwin	Maximin	Joachim	Ursula	Bonna
	Irmtrud	Walram			
30. Mai	Ferdinand	Johanna	Jenny	Jeanette	Reinhild
	Hubert	Leonhard	Basilius	Jeanne	Jennifer
	Jimmy				
31. Mai	Petronilla	Fulko	Mechthild	Felix	Hiltrud
	Hilma	Helma	Petra	Aldo	
01. Jun	Hortensia	Justin	Simeon	Ronan	Justinus
	Konrad	Silke	Caroline	Winston	Nikodemus
02. Jun	Marzellinus	Petrus	Armin	Blandina	Erasmus
	Eugen	Stephan	Marcellinus	Blandia	Odo
03. Jun	Chlothilde	Klothilde	Morand	Kevin	Konstantin
	Karl	Karoline	Hildburg	Silvia	Silvana
	Mathias	Matthias	Johannes		
04. Jun	Christa	Quirin	Werner	Eva	Franz
	Hubert				
05. Jun	Reginald	Hildebrand	Ferdinand	Bonifatius	Fulger
	Adelar	Winfrid			
06. Jun	Claudius	Claudia	Norbert	Falko	Philipp
	Gilbert	Bertrand	Kevin		
07. Jun	Gottschalk	Gottlieb	Robert	Justus	Antonius
	Gianelli	Maria	Gerko	Anna	Anita
08. Jun	Medard	Helga	Engelbert	Maria	Giselbert

	Medardus	Wilhelm	Gisbert	Ilga	Mirijam
09. Jun	Ephräm	Gratia	Primus	Felizian	Kolumba
	Annemarie	Anna Maria	Ephraim	Grazia	Diana
10. Jun	Diana	Bardo	Gerlach	Oliva	Margareta
	Heinrich	Heinz	Olivia		
11. Jun	Barnabas	Rimbert	Aleydis	Adelheid	Alice
	Jolanta	Rosa-Maria	Paula	Johannes	
12. Jun	Leo	Mercedes	Guido	Eskil	Odulf
13. Jun	Anton	Bernhard	Antonius	Gerhard	Victorin
	Randolf	Rambert	Tobias		
14. Jun	Meinrad	Gottschalk	Hartwig	Ebbo	Richard
	Burkhard	Buko			
15. Jun	Vitus	Veit	Lothar	Bernhard	
	Klara	Rosa	Gebhard	Germaine	
16. Jun	Aurelian	Benno	Quirin	Julietta	Kunigunde
	Lutgard				
17. Jun	Rainer	Elisabeth	Adolf	Alena	Herwig
	Fulko	Volkmar	Volker	Euphemia	Ramwold
18. Jun	Euphemia	Arnulf	Markus	Marcellanius	Constanze
	Maria	Marina	Elisabeth	Herta	Alexandria
	Felizius	Isabella	Andreas	Michelina	
19. Jun	Romuald	Elisabeth	Modest	Gervasius	Juliana
20. Jun	Adalbert	Benigna	Albertine	Theresia	Margarete
	Margrete	Margot	Menrich	Florentina	Florence
	Benita				
21. Jun	Ralf	Alois	Alban	Radulf	Aloisius
	Engelmund	Albin			
22. Jun	Thomas	Albin	Eberhard	Paulin	John
	Sighild	Paulinus	Christina	Christine	Ortrud
	Wim				
23. Jun	Edeltraud	Peter	Joseph	Josef	Maria
	Marion	Marie			

24. Jun	Jens	Johannes	Hannes	Reingard	Dietger
	Theodulf	Wilhelm	Iwan		
25. Jun	Eleonore	Prosper	Dorothea	Heinrich	Burkhard
	Burchard	Doris	Eleonora	Wilhelm	Emil
26. Jun	Vigilius	Johannes	Paulus	Johann	Paul
	Anthelm				
27. Jun	Cyrill	Heimo	Hemma	Wilhelm	Harald
	Benvenu-tio	Samson	Daniel	Heimrad	
28. Jun	Irenäus	Diethild	Ekkehard	Gero	Paul
	Eckard	Senta	Heimo		
29. Jun	Petra	Beatrix	Petrus	Paulus	Gero
	Judith	Salome	Peter	Elwin	Paul
30. Jun	Otto	Theobald	Ernst	Erentrud	Donatus
	Bertram	Adolf	Erentrud		
01. Jul	Dietrich	Eckart	Theobald	Rumbold	Regina
	Aaron				
02. Jul	Wiltrud	Petrus	Bernhardin	Maria	Peter
	Jakob	Ruzo			
03. Jul	Thomas	Raimund	Cornelius	Horst	Leo
	Anatol				
04. Jul	Ulrike	Wilhelm	Uwe	Elisabeth	Ulrich
	Berta	Hatto	Bernold	Werner	Bertha
	Isabel	Bruno	Else		
05. Jul	Anton Maria	Lätizia	Albrecht	Marietta	Kyrilla
	Zaccaria	Wilhelm			
06. Jul	Isias	Maria	Marietta	Petrus	Dominica
	Isaias				
07. Jul	Willibald	Edelburg	Edda	Udo	Walfried
08. Jul	Theobald	Kilian	Edgar	Eugenius	Eugen
	Amalie	Adolf	Hadrian		
09. Jul	Johannes	Wigfrid	Agilolf	Eleonore	Veronika
	Veronica	Gottfried	Hannes	Hermine	Pauline
	Melanie	Adrian	Jakob		

Datum				
10. Jul	Erich	Knud	Alexander	Engelbert	Erik
	Knut	Etto	Maurgen	Olaf	Sandra
	Sascha				
11. Jul	Sigisbert	Oliver	Benedikt	Olga	Rachel
	Pius				
12. Jul	Felix	Siegbert	Johannes	Andreas	Eleonore
	Henriette	Nabor			
13. Jul	Arno	Heike	Horst	Heinrich	Silas
	Mildred	Joel	Sara	Bertold	Kunigunde
	Sarah	Sybille	Johannes		
14. Jul	Bruno	Roland	Ulrich	Vinzenz	Angelina
	Boswin	Wanda	Camillo		
15. Jul	Egon	Waldemar	Bonaventura	Wladimir	Donald
	Egino	Bernhard	Björn	David	Anne-Marie
16. Jul	Carmen	Irmgard	Elvira	Reinhild	Elke
	Milo	Irmengard	Monulf	Volkhard	
17. Jul	Marina	Alexius	Alex	Charlotte	Gabriele
	Koloman	Martina	Donata	Leo	Hedwig
18. Jul	Arnulf	Arnold	Bruno	Friedrich	Ottilie
	Odilla	Radiana			
19. Jul	Rufina	Bernold	Theodor	Theodoros	Bernulf
	Marina	Justa			
20. Jul	Margit	Annegret	Elias	Margareta	Leon-Ignace
	Marina	Margaretha	Margot	Volkmar	Wilmar
	Bernhard	Betz	Wilmar		
21. Jul	Arbogast	Daniela	Laurentius	Daniel	Florentius
22. Jul	Marlene	Magdalena	Maria	Verena	Eberhard
	Magdalene	Plato	Laurentius	Wanda	
23. Jul	Birgitta	Liborius	Apollinaris	Birgit	Gitta
	Britta	Bella			
24. Jul	Kerstin	Christoph	Christine	Siglind	Gerburg
	Luise	Kunigunde	Christina	Siglinde	Louise

25. Jul	Jacqueline	Jakobus	Thea	Thomas	Jakob
	Herta	Valentina	Urs	Jascha	
26. Jul	Antje	Annette	Anita	Anna	Joachim
	Gloriosa	Christiane	Anja	Luise	Titus
	Nina	Gloria	Bartolomea		
27. Jul	Bertold	Natalie	Magnerich	Rudolf	Natalia
	Berthold	Konrad	Christian		
28. Jul	Ada	Benno	Beatus	Bantus	Innozenz
	Samson	Nazarius	Celsus	Viktor	Beat
	Adele				
29. Jul	Olaf	Beate	Martha	Lucilla	Flora
	Ladislaus	Beatrix	Urban		
30. Jul	Ingeborg	Petrus	Bado	Wiltrud	Beatrix
	Julitta	Batho	Trixa		
31. Jul	Ignatius	German	Hermann	Goswin	Elisabeth
	Alfons				
01. Aug	Maria	Petrus	Ulrich	Abel	Kenneth
	Kined	Julian	Uwe		
02. Aug	Eusebius	Stephan	Adriana	Agnes	Gunzo
03. Aug	Nikodemus	Lydia	Benno	Burchhard	Petrus
	Bernhard	August			
04. Aug	Johannes	Rainer	Reinhard	Dominikus	Sigrid
	Cecilia				
05. Aug	Dominika	Oswald	Stanislaus	Nonna	Dominica
	Dominik	Abel			
06. Aug	Gilbert	Hermann	Berta	Alice	Christi
	Jaquelline	Angelique			
07. Aug	Kajetan	Afra	Juliana	Donatus	Sixtus
	Friedrich	Albert	Juliane		
08. Aug	Altmann	Dominikus	Cyriakus	Dominique	Domingo
	Gerhard	Elgar	Ugolina	Hartwig	
09. Aug	Edith	Edda	Roland	Roman	
	Hanna	Hademar	Franz		
10. Aug	Astrid	Lorenz	Laurentius	Laurenz	

	Lars	Erich	Erik	Erika	Anastasia
11. Aug	Klara	Susanna	Donald	Nikolaus	Philome-na
	Tiburtius	Susanne	Luise	Nicole	Nicolaus
12. Aug	Radegund	Johannes	Karl	Hilaria	Eberhard
	Innozenz	Hilaria	Eusebius	Michael	Andreas
	Radiava				
13. Aug	Hippolyt	Gertrud	Gerold	Wigbert	Kassian
	Ludolf	Markus	Marco	Marko	
14. Aug	Athanasia	Maximilian	Meinhard	Eberhard	
15. Aug	Mechthild	Assunta	Rupert	Johann	Adam
	Alfred	Arnulf	Bernd	Christian	Steven
	Maria	Ruprecht	Rochus	Theodor	
16. Aug	Rochus	Stephan	Theodor	Christian	Stefan
	Steffen	Stefanie	Stephanie	Beatrix	
17. Aug	Benedikta	Hyazinth	Jutta	Johanna	Clara
	Gudrun	Amor	Benedikte		
18. Aug	Reinald	Helena	Claudia	Helene	Eileen
	Elena	Ilka	Hella	Ilona	Jelka
	Jelena	Leonhard	Paula		
19. Aug	Sebald	Charitas	Johannes	Reginlind	Johann
	Sebaldus	Sixtus	Bert	Cecilia	Emilia
	Julius	Ulf			
20. Aug	Ronald	Bernhard	Samuel	Oswin	Bernd
	Hugo				
21. Aug	Pius	Maximilian	Baldwin	Balduin	Gratia
	Pia				
22. Aug	Lätizia	Regina	Sigfrid	Arnulf	Timotheus
	Siegfried	Siegrid	Tim	Timo	
23. Aug	Rosa	Richild	Matthias	Isa	Philipp
24. Aug	Michaela	Bartholo-mäus	Karl	Emilie	Emilia
	Johanna	Karoline	Armanda	Isolde	
25. Aug	Ludwig	Elvira	Josef	Patricia	Ebba
	Christoph	Miriam	Joseph	Luis	Lutz

26. Aug	Miriam	Gregor	Margaretha	Patricia	Margarita
	Elisabeth	Wulfina			
27. Aug	Cäsar	Monika	Gebhard	Mona	Margareta
	Gerhard	Agnes			
28. Aug	Augustinus	Elmar	Adelind	Augustin	Hermes
	Vivian				
29. Aug	Sabina	Theodora	Beatrix	Sabine	Verona
	Candida	Beatrice	Johannes		
30. Aug	Heribert	Amadeus	Rebekka	Felix	Benjamin
	Ingeborg	Alma	Inka		
31. Aug	Raimund	Paulin	Wala	Isabella	Anja
	Astrid	Sieglinde			
01. Sep	Noemi	Aegidius	Harald	Verena	Ruth
	Alois	Ägidius			
02. Sep	Ingrid	Emmerich	Franz	René	Tobias
	Nicolai	Oliver	Apollinaris	Jean	Jaques
03. Sep	Degenhard	Gregor	Sophie	Otto	Hermann
	Hertha	Rudolf	Sonja	Sophia	
04. Sep	Hermine	Rosemarie	Sven	Ida	Iris
	Rosalia	Swidbert	Irmgard	Rosa	Antonius
05. Sep	Roswitha	Maria Theres	Albert	Herkules	Theodor
	Theresia	Hermine	Maria		
06. Sep	Magnus	Gundolf	Theobald	Beata	Beate
	Alex	Alexa	Eskil	Bertram	
07. Sep	Dieter	Otto	Judith	Dietrich	Markus
	Melchior	Regina	Adula	Stefan	Stephan
	Ralf	Ralph	Giovanni		
08. Sep	Hadrian	Maria	Adrian	Korbinian	Franz
	Alan	Serafina	Alain	Allan	Bertina
	Serge	Petrus			
09. Sep	Otmar	Orthold	Gorgonius	Jakob	Bernhard
	Peter	Pédro	Edgar	Petrus	
10. Sep	Nikolaus	Theodard	Diethard	Edgar	Isabella
	Carlos	Coleta	Monika	Nicole	Niels

197

11. Sep	Maternus	Ludwig	Aldemar	Willibert	Josef
	Helga	Felix	Regula	Elmar	Lois
	Lulin	Wilbert			
12. Sep	Rebekka	Nadine	Marion	Marianne	Jessica
	Maria	Guido	Eberhard	Guido	Degen-hard
	Gerfried	Gerlinde	Maxim	Marlies	Marika
	Marilyn	Deinhard	Denhard		
13. Sep	Johannes	Tobias	Notburg	Amatus	Notburga
	Maria				
14. Sep	Dolores	Albert	Kornelius	Cornelius	Caterina
	Jens	Johannes			
15. Sep	Melitta	Roland	Josef	Oranna	Ludmilla
	Dolores	Katharina	Lolita		
16. Sep	Cornelius	Kornelius	Cyprian	Julia	Hadwart
	Edith	Victor	Ludmilla	Lucia	Martin
17. Sep	Robert	Hildegard	Ariane	Lambert	Dolores
	Ariadne	Raso	Unno		
18. Sep	Richardis	Lambert	Josef	Ricarda	Giuseppe
19. Sep	Wilhelmine	Theodor	Igor	Albert	Bertold
	Januarius	Wilma	Arnulf	Lucia	Luzia
	Berthold	Thorsten			
20. Sep	Eustachius	Henri	Susanne	Fausta	Hertha
	Marin	Wiro			
21. Sep	Matthäus	Debora	Jonas	Deborah	Maureen
	Mattheu				
22. Sep	Moritz	Mauritius	Emmeram	Gunthild	Canditus
	Victor	Otto	Udo	Gunhild	Gunilla
	Gundula	Emmeran			
23. Sep	Linus	Thekla	Lutwin	Basin	Rotrud
	Gerhild	Helene	Rotraud	Elena	Bastin
	Henrieka				
24. Sep	Mercedes	Rupert	Virgil	Gerhard	Hermann
	Gislar	Robert	Herma		

25. Sep	Nikolaus	Firmin	Wigger	Petrus	Klaus
	Niklas	Nikola	Sergej	Aurelia	Gottfried
26. Sep	Kosmas	Damian	Eugenia	Kaspar	Meinhard
	Meingold	Cosmas	Cosima	Eugenie	Justine
	Victoria				
27. Sep	Thilo	Vinzenz	Hiltrud	Kjeld	Dietrich
	Helmtrud	Dirk			
28. Sep	Wenzel	Lioba	Dietmar	Thekla	Gislar
	Konny	Tim	Adelrich		
29. Sep	Gabriele	Michael	Gabriel	Raphael	Michaela
	Gabriela	Gabi	Raphaela	Konrad	Johannes
30. Sep	Hierony-mus	Urs	Viktor	Sophie	Theresia
	Leopard	Victor	Vicky	Sophia	Jerome
	Siegmund	Thessa	Thesi		
01. Okt	Ludwin	Theresia	Remigius	Werner	Allowin
	Giselbert	Franz	Emanuel	Manuel	
02. Okt	Jakob	Leodegar	Gottfried	Thomav	Beregis
	Jacqueline	Jaime	Perez	Petra	
03. Okt	Ewald	Ludgar	Niketius	Udo	Irmgard
	Uli	Irma	Gerhard	Gerd	Bianca
04. Okt	Franz	Aurea	Franco	Aura	Thesa
	Tessa	Edwin	Jovian	Quentin	
05. Okt	Flavia	Meinolf	Galla	Attila	Placido
	Raimund	Herwig	Meino	Plaze	Timerlin
06. Okt	René	Adalbero	Bruno	Jakob	Isidor
	Konrad	Renato	Renate	Brunhild	Nicoletta
	Maria-Francesca				
07. Okt	Gerold	Rosa	Georg	Justina	Marcus
	Marc	Rosamunde	Rosana	Rosario	Jörg
	Ernst	Bacchus			
08. Okt	Simeon	Gunther	Demetrius	Günther	Günter
	Gunnar	Hugo	Laura	Anna	Amok
	Pelagius	Abe	Arnold	Manuela	Sara

09. Okt	Dionysius	Günther	Abraham	Sara	Johannes
	Sibylle	Arnuald	Sibylla	Gunther	
10. Okt	Gereon	Viktor	Jakob	Tuto	Kassius
	Florentius	Franz	Vico	Daniel	Daniela
	Florentinus	Jacques	Nuncia	Toto	
11. Okt	Bruno	Quirin	Brun	Edelburga	Jakob
	Burkhard	Alexander	Gummar	Jakobine	Meinhard
	Sascha	Sandro	Lex	Edda	Manuela
12. Okt	Maximilian	Edwin	Gottfried	Bernhard	Herlinde
	Serafin	Horst	Bernd		
13. Okt	Theophil	Eduard	Andreas	Reginbald	Koloman
	Sintbert	Aurelia	Lubentius	Gerald	Edward
	Andre	Belinda			
14. Okt	Kalixtus	Burkhard	Hildegund	Alan	Fortunata
	Kallistus	Hedwig	Herta	Paul	Justus
	Buso	Alain	Fortuna		
15. Okt	Teresa	Aurelia	Hedwig	Theresia	Thea
	Thekla	Herfried	Helma	Willa	Wilma
16. Okt	Gallus	Bertrand	Gerhard	Margareta	Hedwig
	Hedda	Sophie			
17. Okt	Ignatius	Anselm	Rudolf	Augusta	Marie-Louis
18. Okt	Lukas	Gwenn	Burchhard	Gwendolin	Petrus
	Justus	Justis	Isaak	Jennifer	
19. Okt	Isaak	Jean	Paul	Petrus	Frieda
	Frida	Laura	Paolo		
20. Okt	Wendelin	Vitalis	Wanda	Boscardin	Maria
	Irina	Anna	Jessika		
21. Okt	Clementine	Ursula	Ulla	Irmtrud	Irmtraud
	Celina	Rosina			
22. Okt	Cordula	Corinna	Salome	Kordula	Ingobert
	Blandina	Cora	Ingo	Ingbert	Wigand
23. Okt	Jakobus	Johannes	Richmut	Oda	Severin
	Ignatius	Severin	Romanus	Richmund	Heinrich

24. Okt	Antonius	Albert	Anton	Aloisius	Alois
	Thaddäus	Gilbert	Nathan		
25. Okt	Crispin	Krispin	Ludwig	Daria	Chrysanth
	Chry-santhus	Lutz	Luise	Margareta	Arnold
	Krispin				
26. Okt	Armand	Wigand	Amandus	Witta	Josephine
	Sigibald	Demetrius	Amanda	Albin	
27. Okt	Wolfhard	Klara	Sabina	Manfred	Christa
28. Okt	Simon	Alfred	Judas	Fred	Georg
	Thaddäus				
29. Okt	Berengar	Narzissus	Margarete	Jolanda	Ermelind
	Melinda	Linda	Grete	Ingold	
30. Okt	Dietger	Alfons	Dorothea	Angelo	Berno
	Thöger				
31. Okt	Wolfgang	Notburga	Quintin	Elisabeth	Christoph
01. Nov	Sigurd	Rupert	Harald	Luitpold	Boso
	Wolfhold	Arthur	Bertold	Rainer	Gudrun
02. Nov	Angela	Willibold	Margareta	Margot	Tobias
	Ambros				
03. Nov	Pirmin	Hubert	Silvia	Martin	Ida
	Marian	Bertold	Johannes	Malachias	Victorin
	Winfried				
04. Nov	Karl	Gregor	Reinhard	Karla	Carola
	Franziska	Charles	Charlotte	Lolita	
05. Nov	Emmerich	Berthild	Bernhard	Elisabeth	Emerich
	Zacharias	Berthilda	Bertila	Hardy	
06. Nov	Leonhard	Rudolf	Christine	Kerstin	Sybille
	Rolf	Nina	Tina		
07. Nov	Willibrord	Engelbert	Karina	Ernst	Gisbert
	Bert	Berta	Erna	Carina	Giso
	Brunhild				
08. Nov	Gottfried	Gregor	Johannes	Gottfried	Martin
	Claudio				

09. Nov	Aurel	Theodor	Roland	Theodora	Ted
	Georg	Aurelius	Herfried	Elisabeth	Randolf
	Ranulf				
10. Nov	Leo	Justus	Andreas	Leonie	Jens
	Johannes				
11. Nov	Martin	Martina	Theodor	Theodora	Agnes
	Heinrich	Senta	Menas		
12. Nov	Kunibert	Diégo	Christian	Emil	René
	Josaphat	Lewin	Diego		
13. Nov	Diego	Stanislaus	Wilhelm	Briktius	Nikolaus
	Karl	Helmut	Helmes	Sieghard	Traude
	Eugen	Livia			
14. Nov	Alberich	Sidonius	Bernhard	Albrecht	Nikolaus
	Laurentius	Sidonie			
15. Nov	Leopold	Albert	Leopoldine	Arthur	Ilona
	Wilfried	Helena	Marino		
16. Nov	Margareta	Otmar	Margarete	Margarita	Margarite
	Hugo	Walter	Edmund	Albert	
17. Nov	Gertrud	Hiltrud	Viktoria	Florian	Salome
	Hilda	Bettina	Gregor	Victoria	
	Florin	Hugo			
18. Nov	Odo	Roman	Karolina	Otto	Leonhard
	Gerung	Aldo	Philippine		
19. Nov	Bettina	Elisabeth	Mechthild	Suitger	David
	Lisa	Lisbeth	Elisa	Else	Sissy
	Isabell	Sven	Alice		
20. Nov	Korbinian	Bernward	Edmund	Felix	Felicia
21. Nov	Johannes	Manuel	Amalia	Amélie	Alma
	Rufus	Gelasius	Maria		
22. Nov	Cäcilia	Cäcilie	Sibylle	Sheila	Philemon
	Salvator				
23. Nov	Klemens	Kolumban	Felizitas	Detlev	Clemens
	Margareta	Detlef	Felicia	Felicitas	Adam
24. Nov	Modest	Flora	Johannes	Kurt	Konrad

	Herta	Hertha	Hildo	Maria	Florence
	Albert	Chrysogonus	Hitto	Jasmin	Modestus
25. Nov	Katharina	Egbert	Elisabeth	Niels	Karin
	Kira	Elsbeth	Bernold	Margaretha	Imma
26. Nov	Konrad	Adalbert	Albert	Johannes	Ida
	Annelise	Leonhard	Sebald	Bertger	Delphine
	Kornelia	Anna-Elisabeth			
27. Nov	Oda	Ute	Jakob	Gaston	Odette
	Albine	Bilhild	Vitus	Virgil	Modestus
28. Nov	Berta	Gunther	Günther	Gunnar	Gregor
	Jakob	Brandon			
29. Nov	Jolanda	Friedrich	Franz-Joseph	Christine	Jutta
	Friederike	Walter	Kerstin		
30. Nov	Andreas	Andrea	Volkert	Gerwald	Emming
	Folkard	Benjamin			
01. Dez	Bianca	Edmund	Natalie	Eligius	Charles
	Blanka	Blanca	Natascha	Marinus	
02. Dez	Lucius	Bibiana	Johannes	Angela	Jan
	Silverius	Luzius	Lutz	Paulina	
03. Dez	Franz	Emma	Gerlind	Johann Nepom	Xaver
	Gerlinde	Sola	Attala	Jason	Modestus
04. Dez	Johannes	Barbara	Adolf	Osmund	Christian
	Bärbel	Alf	Azzo		
05. Dez	Anno	Attala	Sola	Hartwich	Herwig
	Reginhard	Gerald	Hartwig	Reinhard	Niels
	Regino				
06. Dez	Nicole	Nikolaus	Dionysia	Henrika	Klaus
	Kai	Heike	Henrike	Denise	
07. Dez	Ambrosius	Gerald	Gerda	Josefa	Farah
	Benedetta	Bros			
08. Dez	Immakula-ta	Sabina	Elfriede	Edith	Romarich
	Konstantin				
09. Dez	Edith	Dieter	Eucharius	Liborius	Petrus

	Pierre	Valerie	Anastasia	Silvana	
10. Dez	Eulalia	Diethard	Bruno	Angelina	Jürgen
	Hansjürgen	Hansjörg	Johann-Georg		Emma
11. Dez	Damasus	Tassilo	Richer	David	Arthur
	Daniel				
12. Dez	Johanna	Vizelin	Hartmann	Dietrich	Ida
	Konrad	Franziska	Janine	Dieter	Diether
13. Dez	Odilia	Luzia	Ottilie	Jobst	Jost
	Benno	Edda	Emo		
14. Dez	Johannes	Franziska	Bertold	Berthold	Bert
15. Dez	Nina	Christiane	Carlo	Silvia	Paola
	Virginia	Wunibald			
16. Dez	Ado	Sturmius	Dietrich	Adelheid	Heidi
	Elke	Tanko			
17. Dez	Jolanda	Lazarus	Olympia	Johannes	
18. Dez	Philipp	Margarita	Luise	Wunibald	Gatian
	Edgar				
19. Dez	Petrus	Benjamin	Konrad	Urban V	Kuno
	Peter	Petra	Susanna	Thea	Juda
	Konny				
20. Dez	Regina	Heinrich	Hoger	Heinrich	Julius
	Eugen	Elke	Eido	Vitus	Dominikus
21. Dez	Peter	Richard	Hagar	Thomas	Ingomar
	Bazela	Petrus Canisius	Johannes		
22. Dez	Jutta	Marian	Bertheid	Flavian	Franziska
23. Dez	Yvonne	Dagobert	Viktoria	Johannes	Ivo
	Victoria	Gregor	Gaubald	Thorlak	Hartmann
24. Dez	Adele	Adam	Eva	Hanno	Adelbert
	Erko	Hans	Irmina		
25. Dez	Natal	Eugenia	Anastasia	Petrus	Josefina
26. Dez	Stephanie	Stephan	Richlinde	Stephanus	Stefan
	Senta	Richlind			
27. Dez	Johannes	Fabiola	Walto	Christina	Fabiola

	Ezzo	Rudger			
28. Dez	Julia	Hermann	Otto	Hermine	Franz
	Franco	Irmina	Theodor	Julius	Kaspar
29. Dez	Thomas	Tamara	David	Lothar	Tommy
	Reginbert				
30. Dez	Germar	Felix	Egwin		
31. Dez	Silvester	Melanie	Appolonia	Kolumba	Catherine
	Katharina	Luitfried	Marius	Maro	Odilo

weibliche Namen

Adrina	lateinisch	Bewohnerin der Stadt
Agnes	griechisch	die Reine, Keusche, Heilige
Alexandra	griechisch	weibliche Form von Alexander
Alice		Kurzform für Alexandra
Amabella	lateinisch	die Liebenswerte
Amadea	lateinisch	ama = liebe; dea = Göttin
Amalia	mitthochdeutsch	hat Bezug zu den Amalern (ostgotisches Königgeschlicht)
Anabella	italienisch – spanisch	die Schöne, Liebliche
Anastasia	griechisch	Auferstehung
Andrea	griechisch	die Tapfere
Angela	lateinisch	Botin, Engel
Angelika	griechisch – lateinisch	Botin, Engel
Anika	slawisch	Nebenform von Anna
Anita		Verkleinerungsform von Anna
Anja	russisch	Nebenform von Anna
Anke	niederdeutsch	Koseform für Anna
Anna	hebräisch	die Begnadete
Anne	englisch – französisch	Nebenform zu Anna
Annette	französisch	Nebenform zu Anna
Antje	niederländisch	Koseform für Anna
Antonia	lateinisch	die Antonierin (altrömisches Geschlecht)
Astrid	altnordisch	ans = Gott; el = elohim = Gott
Barbara	griechisch	Barbarin, Ausländern, Fremde
Bärbel		Kurzform für Barbara
Beata	lateinisch	die Glückliche
Béatrice	französisch	Form von Beata
Beatrix	lateinisch	die Beglückende
Benedikta	lateinisch	die Gesegnete

Berta	althochdeutsch	glänzend
Bianca	italienisch	die Weiße
Birgit	nordisch	Form von Brigitte
Brigitte	keltisch – altirisch	die Erhabene
Cäcilia	lateinisch	aus der Familie der Cäcilier
Camilila	lateinisch	die Ehrbare
Carina		italienische Nebenform zu Katharina
Carla		weibliche Form von Carl
Carmen	spanisch – lateinisch	ritueller Spruch
Carol		rumänische Form von Karl
Carola		erweiterte Form von Carla
Cassandra		Nebenform von Kassandra
Cedric	englisch	
Celine	lateinisch	dem Kriegsgott Mars geweiht
Chantal	französisch	die Singende
Chloe	griechisch	junges Grün, junger Schoß
Christiane	griechisch – lateinisch	Christusanhängerin
Clarissa		erweiterte Form von Klara
Claudia	lateinisch	claudius= hinkend
Clementia	lateinisch	die Sanftmütige
Conny		Kurzform für Konstanze
Cordula	griechisch	Mädchen
Corinna	griechisch	Mädchen
Cornelia	lateinisch	aus dem Geschlecht der Cornelier
Dagmar	keltisch – dänisch	dago = gut, mari = berühmt
Daisy	englisch	Gänseblümchen
Damiana	italienisch	weibliche Form zu Damiano(Damian)
Dana	schwedisch	die Richterin
Daniela	hebräisch	Richter ist Gott
Daphne	griechisch	Lorbeer
Daria	altpersisch – griechisch	die Mächtige
Debby	englisch	Kurzform für Debora

Debora	hebräisch	Biene, fleißig
Delia	englisch	Beiname der altgriechischen Göttin Artemis
Delphine	griechisch – lateinisch	aus Delphi stammend
Dénise	griechisch – lateinisch	dem Gott Dionysos geweiht
Desideria	lateinisch	wünschen, ersehnen
Désirée	französisch	Form von Desideria
Diana	lateinisch	nach der römischen Jagdgöttin Diana
Dolores	spanisch	nach einem Mariengedanktag
Dominika	lateinisch	dem Herrn geweiht
Donatello	italienisch	der (von Gott) Geschenkte
Doreen	englisch	Form von Dorothea
Doris	griechisch	die Dorerin (aus Doris stammend)
Doro		Kurzform von Dorothea
Dorothea	griechisch	Gottesgeschenk
Douglas	keltisch – englisch	dunkelblau
Edith	angelsächsisch – englisch	ead = Besitz, gyth = Kampf
Eike		Kurzform zu Eckard
Eila	nordisch	die Leuchtende
Ela		Koseform für Elisabeth
Eleasar	hebräisch	Gott hilft
Elektra	griechisch	die Strahlende
Elena	italienisch - spanisch	Form von Helene
Eleonara	arabisch - griechisch	Gott mein Licht
Elfirede	althochdeutsch	alb =Naturgeist, fridu = Friede
Elia	hebräisch	mein Gott ist Jahwe
Elisa		Kurzform von Elisabeth
Elisabeth	hebräisch	Gott ist vollkommen
Elke	niederdeutsch	von vornehmer Art
Elmar	althochdeutsch	berühmte Schwertspitze
Elsa		Kurzform für Elisabeth
Elsbeth		Kurzform für Elisabeth
Elvira	gotisch - spanisch	die Erhabene

Emma	althochdeutsch	die Erhabene
Enrica	italienisch	Form von Henriette
Epharaim	hebräisch	Doppelerbe, doppelt fruchtbar
Erika		weibl. Form zu Erich
Ernesta		weibl. Form zu Ernst
Esau	hebräisch	
Esmeralda	spanisch	Smaragd, Edelstein
Esra	hebräisch	Hilfe
Esteban	spanisch	Form von Stephan
Estella	spanisch	der Stern
Estevan	spanisch	Form von Stephan
Esther	perisch- hebräisch	der Stern
Étienne	französisch	Form von Stephan
Étiennette	französisch	Form von Stephanie
Eugenia	griechisch	die Edelgeborene
Eva	hebräisch	Die Leben Schenkende
Evelyn	englisch	Weiterbildung von Eva
Fabia		weibl. Form von Fabian
Finja	nordisch	Finnin
Fiona	englisch	weiß
Flora	lateinisch	blühend
Fortuna	lateinisch	Glück, Schicksal
Francesca	italienisch	Form von Franziska
Franka	lateinisch	Form von Franziskus
Franziska		weibliche Form zu Franziskus
Franziskus	lateinisch	der Franke, Franzose
Frauke	niederdeutsch- friesisch	froh
Friederike		weibl. Form zu Friedrich
Gabriele	hebräisch	Heldin Gottes
Garcia	germanisch- spanisch	
Gerda		weibl. Form von Gerd
Gerlinde	althochdeutsch	ger = Speer, linda = Linden-holzschild
Gertrud	althochdeutsch	ger = Speer, trud = Kraft, Stärke

209

Gisela	althochdeutsch	Geisel
Gitta		Kurzform für Brigitte
Gloria	lateinisch	Ruhm, Ehre
Gratia	lateinisch	Gnade, Dank
Gudrun	althochdeutsch	gund = Kampf, runa = Geheimnis, Zauber
Hanna	hebräisch	die Begnadete, Anmutige
Hedwig	althochdeutsch	hadu = Kampf, wig = Kampf
Heidrun	althochdeutsch	heid = Wesen, runa = Geheimnis, Zauber
Heike	niederdeutsch	Koseform von Henrike
Helene	griechisch	die Leuchtende
Helga	schwedisch	hailac = gesund
Henriette	französisch	weibl. Verkleinerungsform Heinrich
Henrike		eine weibliche Form von Heinrich
Hera		Heldin
Hermine		gebildet nach Hermann
Hildegard	althochdeutsch	hiltja = Kampf, gard = Zaun, Schutz
Ida	althochdeutsch	die Seherin
Ignatia	lateinisch	ignis = Feuer
Ilona	ungarisch	Form von Helene
Ilse		Kurzform für Elisabeth
Ingmar	althochdeutsch	Ingwio = germanischer Stammesgott, mari = berühmt
Ingrid	althochdeutsch	Ingwio = german. Stammesgott, fridr = schön
Inka	niederdeutsch	
Innozentia	lateinisch	die Unschuldige
Irene	griechisch	eirene = Friede
Iris	griechisch	iris = Regenbogen
Irmagard	althochdeutsch	irmin = Welt, gard = Einfriedung, Schutz
Isabella	hebräisch, italienisch und spanisch	die Unberührte
Isolde	keltisch	isan = Eisen, waltan = walten, herrschen
Ivana	russisch	Form von Johanna

Jana		Form von Johanna
Jaqueline		weibl. Form von Jaques
Jasmin	persisch	nach dem Blütenstrauch Jasmin
Jeanne		weibl. Form von Jean
Jennifer	keltisch – englisch	
Karin	schwedisch	Kurzform für Katharina
Karla		weibliche Form zu Karl
Karoline		Weiterbildung von Carola
Kassandra	griechisch	die Frau, die Männer fängt
Katharina	griechisch	die Reine
Kathrin		Kurzform für Katharina
Katja	russisch	Koseform von Katharina
Kerstin	niederdeutsch	Form von Christiane
Kim	amerikanisch	weibliche Form von Kim
Klara	lateinisch	hell, leuchtend, berühmt
Kleopatra	griechisch	kleos = Ruhm, pater = Vater
Klothilde	althochdeutsch	hlut = berühmt, hiltja = Kampf
Konstanze	lateinisch	beständig, standhaft
Kora	griechisch	Mädchen, Jungfrau
Laila	finn.– lappländisch	die Weise
Larissa	altgriechisch	nach der Stadt Larissa
Laura	italienisch	Kurzform von Laurentia
Laurentia		weibl. Form von Laurentius
Lea	hebräisch	die Ermüdete
Lena		Kurzform von Helene
Leona		weibl. Form von Leo
Lia		Koseform zu Julia und Elisabeth
Liane		Kurzform für Juliana
Lisa	italienisch	Kurzform für Elisabeth
Lucia	lateinisch	die Leutende
Ludmilla	slawisch	ljud= Volk, Leute, milyj= lieb
Luise		weibl. Form zu Ludwig

Lydia	griechisch – lateinisch	Lydierin
Magda		Kurzform zu Magdelena
Magdalena	hebräisch – griechisch	aus Magdala Stammende
Maike	niederdeutsch – friesisch	Koseform zu Maria
Maja		nach der griechischen Göttin Maja
Manuela	italienisch und spanisch	Form von Emanuel
Maren	friesisch	Kurzform für Maria
Margareta	orientalisch – griechisch	die Perle
Maria	aramäisch	die Schöne
Marie	deutsch	Nebenform zu Maria
Marina		weibl. Form zu Marinus
Marinus	lateinisch	von der See stammend
Marion	französisch	Koseform zu Maria
Martina		weibl. Form zu Martin
Mechthild	althochdeutsch	maht = Macht, Kraft; hiltja = stark
Melanie	griechisch	die Schwarze, Dunkle
Melina	griechisch	von der Insel Melos
Melitta	griechisch	die Biene
Michaela		weibliche Form zu Michael
Milva	italienisch	Taubenfalke
Minna	althochdeutsch	Liebe
Mirabella	italienisch – lateinisch	mira = wunderbar, bella = schön
Mitjam	hebräisch – aramäisch	
Monika	lateinisch	ermahnen
Nadjeschda	slawisch	Hoffnung
Naomi	hebräisch	die Liebliche
Natalie	romanisch	Geburtstag Christi
Nicole	französisch	weibliche Form zu Nikolaus
Olga	russisch	Form von Helga
Olivia		weibliche Form von Oliver
Ophelia	griechisch	Hilfe, Nutzen
Paloma	spanisch	die Taube

Pamela	englisch	
Patricia	lateinisch	dem römischen Adel (Patrizier) zugehörig
Paula		weibliche Form von Paul
Petra		weibliche Form von Peter
Philine	griechisch	philein = lieben
Philippa		weibliche Form zu Philipp
Rachel	hebräisch	Mutterschaf
Raphaela		weibliche Form von Raphael
Rebekka	hebräisch	ribqa = wohlgenährt oder die Schmeichlerin
Regina	lateinisch	die Königin
Renata	lateinisch	die Wiedergeborene
Roberta		weibliche Form zu Robert
Romana		weibliche Form von Roman
Rosa	lateinisch	die Rose
Rosina	lateinisch	rosig
Roswitha	althochdeutsch	hruod= Ruhm, swinths= stark
Roxana	persisch	die Glänzende
Ruth	hebräisch	Freundschaft
Sabine	lateinisch	aus dem Stamm der Sabiner
Sabrina	angloamerikanisch	nach der Nymphe des englischen Severbsflusses
Salome	hebräisch	die Fiedliche
Salvator	lateinisch	Retter, Erlöser
Samantha	hebräisch – amerikanisch	die Hörende, Gehorsame
Sandra	italienisch	Kurzform für Allessandra (Alexandra)
Saphira	hebräisch – griechisch	die Schöne
Sara	hebräisch	Fürstin
Scarlet	englisch – amerikanisch	scarlet = scharlachrot
Seraphin	hebräisch	seraph = brennend
Severin	lateinisch	die Strenge
Shantala		aus dem Indischen erfundener Name (gerichtlich zugelassen)
Shirley	englisch – amerikanisch	nach einem Ortsnamen

Sibylle	griechisch	Ratschluß des Zeus
Silke	niederdeutsch	Kurz und Koseform zu Cäcilia und Gisela
Silvana	lateinisch	silvia = Wald
Silvester	lateinisch	Wald
Silvia	lateinisch	Wald
Simone		weibliche Form zu Simon
Sonja	russisch	Form von Sophie
Sophie	griechisch	Weisheit
Stephanie		weisliche Form zu Stephan
Susanne	hebräisch	Lilie
Tamara	hebräisch	tamar = Dattelpalme
Tanja		Kurzform von Tatjana
Tatjana	althochdeutsch	
Theodora		weibliche Form zu Theodor
Therese	griechisch	von der Insel Thera stammend
Ulrike		weibliche Form von Ulrich
Uriel	hebräisch	Licht Gottes
Ursula	lateinisch	kleiner Bär, Bärchen
Ursus	lateinisch	der Bär
Valentina		weibliche Form zu Valentin
Valeria		weibliche Form zu Valentin
Vanessa	englisch	
Vera	lateinisch	die Wahre
Verona		Nebenform zu Veronika
Veronika	griechisch	pherein = bringen, nike = Sieg
Viktoria		weibliche Form von Viktor
Viola	lateinisch	Veilchen
Walburga	althochdeutsch	wal = Walstatatt, burg = Burg
Wibke	althochdeutsch	wig = Kampf, beraht = glänzend
Wilfrieda		weibliche Form von Wilhelm
Wilhema		weibliche Form von Wilhelm
Xenia	griechisch	xenios = gastfreundlich

Xenophon	griechisch	xenus = Gast, phainesthai = scheinen, leuchten
Yule	schottisch	Weihnachten
Yves	französisch – althochdeutsch	Eibe, Eibenholz
Zaida	arabisch	Gebieterin

männliche Namen

Aaron	hebräisch	der Erleuchtete
Absalom	hebräisch	Vater des Friedens
Adolf	althochdeutsch	adal = edel, wolf = Wolf
Alfons	romanisch – althoch-deutsch	adal = edel, fons = bereit
Alfred	englisch	alf = Elf, Narutgeist, Read = Rat
Amadeus	lateinisch	ama = liebe, deus = Gott
Amos	hebräisch	der Rüstige, Beladene
André	französisch	Nebenform von Andreas
Andreas	griechisch	der Tapfere, Mannhafte
Angelus	lateinisch	Bote Gottes, Engel
Anthony	englisch	Nebenform von Anton
Anton	lateinisch	altrömisches Geschlecht
Armin	althochdeutsch	Erde Welt
Arnold	althochdeutsch	arm = Adler, walton = herrschen
Arthur	keltisch	der Bär
August	lateinisch	der Erhabene
Axel	skandinavisch	Kurzform für Absalom
Ben	hebräisch	der Sohn
Benedikt	lateinisch	der Gesegnete
Benjamin	hebräisch	Sohn meiner Rechten
Bernd		Kurzform für Bernhard
Bernhard	althochdeutsch	stark wie ein Bär
Berno	althochdeutsch	stark wie ein Bär
Berthold	althochdeutsch	beraht = glänzend, waltan = gebieten
Bertram	althochdeutsch	beraht = glänzend, hraban = Rabe
Boris	slawisch	der Kämpfer
Brian	keltisch – englisch	der Hügel
Bruno	althochdeutsch	braun, Bär
Burkhard	althochdeutsch	bur= Schutz, harti
Carl	niederdeutsch	Nebenform zu Karl
Carsten		Nebenform von Christian
Christian	griechisch	Christusanhänger
Christoph	griechisch	Christusträger

Clemens	lateinisch	der Sanftmütige
Cornelius	lateinisch	aus dem Geschlecht der Cornelier
Cyrill	griechisch	Kyrios = Herr
Damian	griechisch	bändigen
Daniel	hebräisch	Richter ist Gott
Darius	altpersisch – griechisch	der Mächtige
David	hebräisch	Geliebter, Liebling
Dean	eng. – amerikan.	Dekan, Ältester
Dennis	griechisch / lateinisch	der Gott Geweihte
Detlef	niederdeutsch	Sohn des Volkes
Dietmar	althochdeutsch	diot= Volk, mari= berühmt
Dietrich	althochdeutsch	diot = Volk, rihi = reich
Dimitrij	russisch	Sohn der Demeter
Dominik	slawisch	Form von Dominikus
Dominikus	lateinisch	dem Herrn geweiht
Donald	keltisch	dummo = Welt, valos = Herrscher
Dragan	slawisch	teuer, lieb
Eberhard	althochdeutsch	stark wie ein Eber
Eckard	althochdeutsch	ekka = Schneide, harti = stark
Edmund	altenglisch	ead = Besitz, munt = Schutz
Edwin	altenenglisch	Ead = Besitz, wini = Freund
Egbert	althochdeutsch	egga = Schneide, beraht= glänzend
Emanuel	lateinisch / griechisch	Gott mit uns
Emil	lateinisch	der Eifrige
Engelbert	althochdeutsch	angil = Angle, beraht = glänzend
Enrico	italienisch	Form von Henriette
Eric	skandinavisch und englisch	Form von Erich
Erich	althochdeutsch	era = Ehre, rich = reich mächtig
Ernst	althochdeutsch	Ernst, Entschlossenheit
Erwin	althochdeutsch	heri = Heer, wini = Freund
Eugen	griechisch	der Edelgeborene
Ezechiel	hebräisch	Gott macht stark
Fabian	lateinisch	aus dem Geschlecht der Fabier
Falko	althochdeutsch	Der Falke
Faustus	lateinisch	Glücksbringer

Felix	lateinisch	der Glückliche
Florian	lateinisch	blühend
Florus	lateinisch	blühend
Frank	angelsachsisch	frei
Franz	lateinisch	der Franke, Franzose
Friedrich	althochdeutsch	fridu = Friede, rihi = reich
Fritz		Kurzform für Friedrich
Gabriel	hebräisch	Held, Gottes
Gallus	irisch und lateinisch	Gallier
Gebhard	althochdeutsch	geba = Gabe, harti = hart, stark
Georg	griechisch	Bauer, Landmann
Gereon	lateinisch – griechisch	alternd, Greis
Gerhard	althochdeutsch	ger = Speer, harti = hart, stark
Glenn	engl.– amerikanisch	aus dem engen Tal
Goliath	hebräisch	Verbannung
Gottfried	althochdeutsch	got= Gott, leip= Erde
Gregor	lateinisch	der Wachsame
Gregor	lateinisch	der Wachsame
Gunter	althochdeutsch	gund= Kampf, heri = Heer
Gustav	altschwedisch	göt = Bote, staf = Stab, Stütze
Hagen	althochdeutsch	hagan= Einfriedung
Hannes		Kurzform von Johannes
Hans	hebräisch	Gott ist gnädig
Hartmut	althochdeutsch	harti= stark, muot= Mut, Geist, Gesinnung
Heiko	niederdeutsch	Koseform von Heinrich
Heinrich	althochdeutsch	hayan = Einfriedung, Schutz, rihi = reich, mächtig
Hektor	griechisch	Schirmen, Herrscher
Helmut	althochdeutsch	helm = Helm, muot = Mut, Geist,
Herbert	althochdeutsch	heri = Heer, beraht = glänzend
Hermann	althochdeutsch	heri = Heer, man = Mann
Hieronymus	griechisch	heiliger Name
Hippokrates	griechisch	hippos = Pferd, kratos = Kraft,
Horst	althochdeutsch	hurst = Gehölz, Gebüsch
Hubert	althochdeutsch	hygu = Gedanke, Verstand, beraht = glänzend
Igor	althochdeutsch –	Ingwio= germanischer Stammes-

	russisch	gott, heri= Heer
Immanuel	hebräisch	Gott ist mit uns
Ingo		Kurzform f. Ingwio
Ingwio		Germanischer Stammesgott
Innozenz	lateinisch	der Unschuldige
Iram	hebräisch	der Wachsame
Irvin	engl. – angelsächs.	der Seefreund
Isaak	hebräisch	Gott ist gnädig
Ismael	hebräisch	Gott hört
Israel	keltisch	Gott kämpft
Iwan	russisch	Form von Johann
Jack		Koseform für John
Jakob	hebräisch	Nachgeborener
Jan	niederdeutsch	Form von Johannes
Janosch		Form von Johannes
Jaques	französisch	Form von Jakob
Jaromir	russisch	fester Friede
Jean	französisch	Form von Johannes
Joachim	hebräisch	von Gott aufgerichtet
Johannes	hebräisch	Gott ist gnädig
John	englisch	Form von Johannes
Josef	hebräisch	Jahwe = (Gott), fügt sich
Julian	lateinisch	aus dem Geschlecht der Julie
Julius	lateinisch	der Gerechte
Jürgen	griechisch	Bauer, Landmann
Kai	keltisch / friesisch	
Karl	althochdeutsch	der Freie
Kasimir	slawisch	Stifter des Friedens
Kaspar	persisch	Schatzmeister
Kastor	griechisch	der Ausgezeichnete
Ken		Kurzform von Kenneth
Kenneth	keltisch- englisch	hübsch, tüchtig
Klemens		Nebenform zu Clemens
Kleopas	griechisch	
Knut	dänisch – althochd.	chnot = adelig, frei
Konrad	althochdeutsch	Kuoni = kühn, tapfer, Rat = Berater, Beratung

Konstantin	lateinisch	beständig, standhaft
Kurt		Kurzform für Konrad und Kunibert
Lamprechtlant	althochdeutsch	lant = Land, beraht = glänzend
Lars	schwedisch	Form von Laurentius
Laslo	slawisch	wladeti = herrschen, slawa = Ruhm
Laurentius	lateinisch	Mann aus Laurentium
Lazarus	hebräisch	Gott hilft
Leo	lateinisch	der Löwe
Leonhard	althochdeutsch	liuti = Leute, Volk, harti = stark
Leopold	althochdeutsch	liuti = Volk, Leute, bald = kühn
Levi	hebräisch	anhänglich
Liborius	griechisch – lateinisch	Gott opfern
Linus	griechisch - lateinisch	der Betrauerte
Lorenz	deutsch	Form von Laurentius
Lothar	althochdeutsch	hluth =berühmt, hari = Heer
Louis	französisch	Form von Ludwig
Ludovico	italienisch	Form von Ludwig
Lukas	griechisch – lateinisch	aus Lukanien stammend
Lutger	althochdeutsch	des Volkes Speer
Magnus	lateinisch	groß, angesehen
Malwin	althochdeutsch	mahal = Gerichtsplatz, wini = Freund
Manfred	althochdeutsch	man = Mann, Fridu = Friede
Manuel		Kurzform von Emanuel
Marcel	französisch	Form von Markus
Marcel		Kurzform von Marcellus
Marcellus		Weiterbildung von Markus
Marco	italienisch/spanisch	Sohn des Kriegsgottes Mars
Marek		Form von Markus
Mario	italienisch	Form von Marius
Marius	lateinisch	Vom altrömischen Geschlecht der Marier stammend
Markus	lateinisch	Sohn des Kriegsgottes Mars
Markus		Form von Markus
Marvin	althochdeutsch – engl.	mari = berühmt, wini = Freund
Matthias	hebräisch / griechisch	Geschenk Gottes
Maurice	englisch und franz.	Form von Mauritius

Mauritius		Weiterbildung zu Maurus
Maurus	lateinisch	der Mohr (Maure)
Max		Kurzform für Maximilian
Maximilian	lateinisch	der Größte und aus dem Geschlecht der Ämilier stammend
Melchior	hebräisch	melek = König, or = Licht
Menachem	jüdisch – hebräisch	der Tröter
Michael	hebräisch	Wer ist wie Gott?
Moritz	deutsch	Form für Mauritius
Muriel	englisch- irisch	muir = Meer, geal = glänzend
Napoleon	romanisch	Tal- oder Waldlöwe
Nathan	hebräisch	Gott hat gegeben
Nero	sabinisch- lateinisch	stark und streng
Nico		Kurzform für Nikolaus
Niels		Kurz- und Koseform für Nikolaus
Nikolai	russisch	Form für Nikolaus
Nikolaus	griechisch	nike = Sieg, laos = Volk
Noah	hebräisch	der Ruhe bringt
Norman	englisch – amerikanisch	Starker Mann
Odin	nordisch	der Rasende
Odysseus	griechisch	odyssesthai = zürnen, grollen
Olaf	schwedisch	Ahnenspross
Oliver	lateinisch, griechisch	Ölbaumpflanzer
Oskar	althochdeutsch	unter Gottes Schutz
Otto	althochdeutsch	Ot = Erbgut, Besitz
Pascal	fran. – lat. – hebräisch	an Ostern Geborener
Patrick	irisch / englisch/ lateinisch	dem römischen Adel (den Patriziern) zugehörig
Paul	griechisch	pauros = klein
Paulus	griechisch	Pauros= klein
Peter	griechisch	der Fels
Phillip	griechisch	philos= Freund, hipper= Pferd
Pierre	französisch	der Fels
Raimund	althochdeutsch	ragin = Rat, munt = Schutz
Rainer	althochdeutsch	ragin = Rat, hari = Heer
Ralph	englisch	Kurzform für Rudolf
Reinhard	althochdeutsch	ragin= Rat, harti= hart, stark

Reinhold	althochdeutsch	ragin= göttlicher Rat
Réne	französisch lateinisch	der Wiedergeborene
Robert	germanisch	hroth = Ruhm, Nantha = kühn
Roger	germanisch	hruod = Ruhm, ger = Speer (Form von Rüdiger)
Roman	lateinisch	der Römer
Ruben	hebräisch	sehet, ein Sohn
Rudi		Kurzform zu Rudolf
Rüdiger	germanisch	hruod = Ruhm, ger = Speer
Rupert		glänzend, Ruhm
Sam	engisch	Kurzform zu Samuel
Samuel	hebräisch	von Gott erhört
Sandro	italienisch	Koseform zu Alessandro
Sascha	russisch	Kurzform für Aleksandr
Sebastian	griechisch	verehrungswürdig
Sergej	lateinisch- russisch	aud dem Geschlecht der Sergier
Siegfried	althochdeutsch	sig = Sieg, munt = Schutz
Siegmund	althochdeutsch	sigu= Sieg, munt= Schutz
Silvius	lateinisch	silva= Wald
Simon	hebräisch	Erhörung
Stephan	griechisch	stephanos= Kranz, Krone
Sven	schwedisch	Jüngling, junger Krieger
Tarek	arabisch	
Theodor	griechisch	Geschenk Gottes
Thomas	hebräisch	thoma= Zwilling
Thorsten	skandinivisch	thor = Gott, Donar, sten = Stein
Tiberius	lateinisch	vom Flußgott Tiberis geschützt
Timon	griechisch	time = Ehre
Timotheus	griechisch	timan = ehren, fürchten, theos = Gott
Titus	lateinisch	titus = Wildtraube
Tobias	hebräisch	Gott ist gut
Udo	niederdeutsch	Form von Otto
Uland	italienisch	uodal = Erbgut, Heimat, land = La
Ulrich	althochdeutsch	uodal = Erbgut, rihhi = reich
Uwe	friesisch	
Valerius	lateinisch	stark, gesund

Valtentin	lateinisch	kräftig, gesund
Viktor	lateinisch	Sieger
Vinzenz	lateinisch	Sieger
Vitalis	lateinisch	belebend, lebenerhalt
Volker	althochdeutsch	folk = Volk, hari = Heer
Volkmar	althochdeutsch	folk = Volk, mari = berühmt
Waldemar	althochdeutsch	waltan = walten, herschen, mari= berühmt
Walter	althochdeutsch	waltan = walten, herschen heri = Heer
Werner	germanisch	vom germanischen Stamm der Warnen
Wilhelm	althochdeutsch	willo = Wille, helm = Helm, Schutz
Wladimir	slawisch	wladeti = herrschen,
Wolfram	althochdeutsch	wolf = Wolf, hraban = Rabe
Zeus	griechisch	Tag, lichter Himmel

0	- Diplomatisches Corps
A	- Augsburg (Bayern)
AA	- Aalen Ostalbkreis (BaWü)
AB	- Aschaffenburg (Bayern)
ABG	- Altenburger Land (Thür)
AC	- Aachen (NrWe)
AE	- Auerbach (Sachs-)
AIC	- Aichach-Friedberg (Bayern)
AK	- Altenkirchen/Westerwald (RhPf)
AM	- Amberg (Bayern)
AN	- Ansbach (Bayern)
ANA	- Annaberg (Sachs)
ANG	- Angermünde (Brandenburg-)
ANK	- Anklam (MeVo-)
Aö	- Altötting (Bayern)
AP	- Apolda - Weimarer Land (Thür)
APD	- Apolda (Thür-)
ARN	- Arnstadt (Thür-)
ART	- Artern (Thür-)
AS	- Amberg-Sulzbach (Bayern)
ASL	- Aschersleben (SaAn)
ASZ	- Aue-Schwarzenberg (Sachs)
AT	- Altentreptow (MeVo-)
AU	- Aue (Sachs-)
AUR	- Aurich (NiSa)
AW	- Bad Neuenahr-Ahrweiler (RhPf)
AZ	- Alzey-Worms (RhPf)
AZE	- Anhalt-Zerbst (SaAn)
B	- Berlin (Bln)
BA	- Bamberg (Bayern)

BAD - Baden-Baden (BaWü)
BAR - Barnim (Brandenburg)
BB - Böblingen (BaWü)
BBG - Bernburg (SaAn)
BBL - Brandenburg Länderegierung & Landtag
BC - Biberach/Riß (BaWü)
BD - Bundestag, Bundesrat, Bundesregierung
BED - Brandenburg-Erbisdorf (Sachs-)
BEL - Belzig (Brandenburg-)
BER - Bernau bei Berlin (Brandenburg-)
BG - Bundesgrenzschutz
BGL - Berchtesgadener Land (Bayern)
BI - Bielefeld (NrWe)
BIR - Birkenfeld/Nahe und Idar-Oberstein (RhPf)
BIT - Bitburg-Prüm (RhPf)
BIW - Bischofswerda (Sachs-)
BL - Zollernalbkreis in Balingen (BaWü)
BLK - Burgenlandkreis (SaAn)
BM - Erftkreis in Bergheim (NrWe)
BN - Bonn (NrWe)
BNA - Borna (Sachs-)
BO - Bochum (NrWe)
Bö - Bördekreis-Oschersleben (SaAn)
BOR - Borken in Ahaus (NrWe)
BOT - Bottrop (NrWe)
BP - Bundespolizei (ehemals Bundesgrenzschutz),
BRA - Wesermarsch in Brake (NiSa)
BRB - Brandenburg (Brandenburg)
BRG - Burg (SaAn-)
BS - Braunschweig (NiSa)
BSK - Beeskow (Brandenburg-)
BT - Bayreuth (Bayern)

BTF	-	Bitterfeld (SaAn)
BU	-	ehemaligen Landkreis Burgdorf
BüS	-	Büsingen am Hochrhein (BaWü)
BüZ	-	Bützow (MeVo-)
BW	-	Bundes-Wasser- und Schiffahrtsverwaltung
BWL	-	Baden-Württemberg Landesregier. & Landtag
BYL	-	Bayern Landesregierung und Landtag
BZ	-	Bautzen (Sachs)
C	-	Chemnitz (Sachs)
CA	-	Calau (Brandenburg-)
CB	-	Cottbus (Brandenburg)
CE	-	Celle (NiSa)
CHA	-	Cham/Oberpfalz (Bayern)
CLP	-	Cloppenburg (NiSa)
CO	-	Coburg (Bayern)
COC	-	Cochem-Zell/Mosel (RhPf)
COE	-	Coesfeld/Westfalen (NrWe)
CUX	-	Cuxhaven (NiSa)
CW	-	Calw (BaWü)
D	-	Düsseldorf (NrWe)
DA	-	Darmstadt-Dieburg (Hess)
DAH	-	Dachau (Bayern)
DAN	-	Lüchow-Dannenberg (NiSa)
DAU	-	Daun (Eifel) (RhPf)
DB	-	Deutsche Bahn
DBR	-	Bad Doberan (MeVo)
DD	-	Dresden (Sachs)
DE	-	Dessau (SaAn)
DEG	-	Deggendorf (Bayern)
DEL	-	Delmenhorst (NiSa)
DGF	-	Dingolfing-Landau (Bayern)
DH	-	Diepholz-Syke (NiSa)

DL - Döbeln (Sachs)
DLG - Dillingen/Donau (Bayern)
DM - Demmin (MeVo)
DN - Düren (NrWe)
DO - Dortmund (NrWe)
DON - Donau-Ries in Donauwörth (Bayern)
DS - Dahme-Spreewald (Brandenburg-)
DU - Duisburg (NrWe)
DüW - Bad Dürkheim in Neustadt/Weinstraße (RhPf)
DW - Dippoldiswalde-Weißeritzkreis (Sachs)
DZ - Delitzsch (Sachs)
E - Essen (NrWe)
EB - Eilenburg (Sachs-)
EBE - Ebersberg (Bayern)
ED - Erding (Bayern)
EE - Elbe-Elster (Brandenburg)
EF - Erfurt (Thür)
EH - Eisenhüttenstadt (Brandenburg-)
EI - Eichstätt (Bayern)
EIC - Eichsfeld (Thür)
EIL - Eisleben (SaAn-)
EIS - Eisenberg (Thür-)
EL - Emsland in Meppen (NiSa)
EM - Emmendingen (BaWü)
EMD - Emden (NiSa)
EMS - Rhein-Lahn-Kreis in Bad Ems (RhPf)
EN - Ennepe-Ruhr-Kreis in Schwelm (NrWe)
ER - Erlangen/Stadt (Bayern)
ERB - Odenwaldkreis in Erbach (Hess)
ERH - Erlangen-Höchstadt (Bayern)
ES - Esslingen/Neckar (BaWü)
ESA - Eisenach (Thür-)

ESW	-	Werra-Meißner-Kreis in Eschwege (Hess)
EU	-	Euskirchen (NrWe)
EW	-	Eberswalde (Brandenburg-)
F	-	Frankfurt/Main (Hess)
FB	-	Wetteraukreis in Friedberg (Hess)
FD	-	Fulda (Hess)
FDS	-	Freudenstadt (BaWü)
FF	-	Frankfurt/Oder (Brandenburg)
FFB	-	Fürstenfeldbruck (Bayern)
FG	-	Freiberg/Sachsen (Sachs)
FI	-	Finsterwalde (Brandenburg-)
FL	-	Flensburg (SlHo)
FLö	-	Flöha (Sachs-)
FN	-	Bodenseekreis in Friedrichshafen (BaWü)
FO	-	Forchheim (Bayern)
FOR	-	Forst (Brandenburg-)
FR	-	Freiburg/Breisgau (BaWü)
FRG	-	Freyung-Grafenau (Bayern)
FRI	-	Friesland in Jever (NiSa)
FRW	-	Bad Freienwalde (Brandenburg-)
FS	-	Freising (Bayern)
FT	-	Frankenthal/Pfalz (RhPf)
FTL	-	Freital (Sachs-)
Fü	-	Fürth (Bayern)
FW	-	Fürstenwalde (Brandenburg-)
G	-	Gera (Thür)
GA	-	Gardelegen (SaAn-)
GAP	-	Garmisch-Partenkirchen (Bayern)
GC	-	Glauchau - Chemnitzer Land (Sachs)
GDB	-	Gadebusch (MeVo-)
GE	-	Gelsenkirchen (NrWe)
GER	-	Germersheim (RhPf)

GF   - Gifhorn (NiSa)
GG   - Groß-Gerau (Hess)
GHA   - Geithain (Sachs-)
GHC   - Gräfenhainichen (SaAn-)
GI   - Gießen (Hess)
GL   - Rheinisch-Bergischer Kreis in Bergisch Gladbach
(NrWe)
GM   - Oberbergischer Kreis in Gummersbach (NrWe)
GMN   - Grimmen (MeVo-)
GNT   - Genthin (SaAn-)
Gö   - Göttingen (NiSa)
GP   - Göppingen (BaWü)
GR   - Görlitz (Sachs)
GRH   - Grossenhain (Sachs-)
GRM   - Grimma (Sachs-) siehe auch: jetzt MTL
GRS   - Gransee (Brandenburg-)
GRZ   - Greiz (Thür)
GS   - Goslar (NiSa)
GT   - Gütersloh in Rheda-Wiedenbrück (NrWe)
GTH   - Gotha (Thür)
Gü   - Güstrow (MeVo)
GUB   - Guben (Brandenburg-)
GVM   - Grevesmühlen (MeVo-)
GW   - Greifswald/Landkreis (MeVo-)
GZ   - Günzburg (Bayern)
H   - Hannover (NiSa)
HA   - Hagen/Westfalen (NrWe)
HAL   - Halle/Saale (SaAn)
HAM   - Hamm/Westfalen (NrWe)
HAS   - Haßberge in Haßfurt (Bayern)
HB   - Hansestadt Bremen und Bremerhaven (Bre)
HBN   - Hildburghausen (Thür)

HBS	- Halberstadt (SaAn)	
HC	- Hainichen (Sachs-)	
HD	- Rhein-Neckar-Kreis und Heidelberg (BaWü)	
HDH	- Heidenheim/Brenz (BaWü)	
HDL	- Haldensleben (SaAn-)	
HE	- Helmstedt (NiSa)	
HEF	- Bad Hersfeld-Rotenburg (Hess)	
HEI	- Dithmarschen in Heide/Holstein (SlHo)	
HEL	- Hessen Landesregierung und Landtag	
HER	- Herne (NrWe)	
HET	- Hettstedt (SaAn-)	
HF	- Herford in Kirchlengern (NrWe)	
HG	- Hochtaunuskreis in Bad Homburg v.d.H.	
HGN	- Hagenow (MeVo-)	
HGW	- Hansestadt Greifswald (MeVo)	
HH	- Hansestadt Hamburg (Hbg)	
HHM	- Hohenmölsen (SaAn-)	
HI	- Hildesheim (NiSa)	
HIG	- Heiligenstadt (Thür-)	
HL	- Hansestadt Lübeck (SlHo)	
HM	- Hameln-Pyrmont (NiSa)	
HN	- Heilbronn/Neckar (BaWü)	
HO	- Hof/Saale (Bayern)	
HOL	- Holzminden (NiSa)	
HOM	- Saar-Pfalz-Kreis in Homburg/Saar (Saar)	
HOT	- Hohenstein-Ernstthal (Sachs-)	
HP	- Bergstraße in Heppenheim (Hess)	
HR	- Schwalm-Eder-Kreis in Homberg (Hess)	
HRO	- Hansestadt Rostock (MeVo)	
HS	- Heinsberg (NrWe)	
HSK	- Hochsauerlandkreis in Meschede (NrWe)	
HST	- Hansestadt Stralsund (MeVo)	

HU	-	Hanau Main-Kinzig-Kreis (Hess)
HV	-	Havelberg (SaAn-)
HVL	-	Havelland (Brandenburg)
HWI	-	Hansestadt Wismar (MeVo)
HX	-	Höxter (NrWe)
HY	-	Hoyerswerda (Sachs)
HZ	-	Herzberg (Brandenburg-)
IGB	-	St. Ingbert (Saar)
IK	-	Ilm-Kreis (Thür)
IL	-	Ilmenau (Thür-)
IN	-	Ingolstadt/Donau (Bayern)
IZ	-	Itzehoe (SlHo)
J	-	Jena (Thür)
JB	-	Jüterbog (Brandenburg-)
JE	-	Jessen (SaAn-)
JL	-	Jerichower Land (SaAn)
JM	-	Jomrich (Bayern)
K	-	Köln (NrWe)
KA	-	Karlsruhe (BaWü)
KB	-	Waldeck-Frankenberg in Korbach (Hess)
KC	-	Kronach (Bayern)
KE	-	Kempten/Allgäu (Bayern)
KEH	-	Kelheim (Bayern)
KF	-	Kaufbeuren (Bayern)
KG	-	Bad Kissingen (Bayern)
KH	-	Bad Kreuznach (RhPf)
KI	-	Kiel (SlHo)
KIB	-	Donnersberg-Kreis (RhPf)
KL	-	Kaiserslautern (RhPf)
KLE	-	Kleve (NrWe)
KLZ	-	Klötze (SaAn-)
KM	-	Kamenz (Sachs)

KN	-	Konstanz (BaWü)
KO	-	Koblenz (RhPf)
KöT	-	Köthen (SaAn)
KR	-	Krefeld (NrWe)
KS	-	Kassel (Hess)
KT	-	Kitzingen (Bayern)
KU	-	Kulmbach (Bayern)
KüN	-	Hohenlohe-Kreis in Künzelsau (BaWü)
KUS	-	Kusel (RhPf)
KW	-	Königs-Wusterhausen (Brandenburg-)
KY	-	Kyritz (Brandenburg-)
KYF	-	Kyffhäuserkreis (Thür)
L	-	Leipzig (Sachs)
LA	-	Landshut (Bayern)
LAU	-	Nürnberger Land in Lauf/Pegnitz (Bayern)
LB	-	Ludwigsburg (BaWü)
LBS	-	Lobenstein (Thür-)
LBZ	-	Lübz (MeVo-)
LC	-	Luckau (Sachs-)
LD	-	Landau/Pfalz (RhPf)
LDK	-	Lahn-Dill-Kreis in Wetzlar (Hess)
LDS	-	Dahme-Spreewald (Brandenburg)
LER	-	Leer/Ostfriesland (NiSa)
LEV	-	Leverkusen (NrWe)
LG	-	Lüneburg (NiSa)
LI	-	Lindau/Bodensee (Bayern)
LIB	-	Bad Liebenwerda (Brandenburg-)
LIF	-	Lichtenfels (Bayern)
LIP	-	Lippe in Detmold (NrWe)
LL	-	Landsberg/Lech (Bayern)
LM	-	Limburg-Weilburg/Lahn (Hess)
LN	-	Lübben (Brandenburg-)

Lö	- Lörrach (BaWü)
LöB	- Löbau (Sachs-)
LOS	- Oder-Spree-Kreis Beeskow (Brandenburg)
LSA	- Sachsen-Anhalt Landesregierung und Landtag
LSN	- Sachsen Landesregierung und Landtag
LSZ	- Bad Langensalza (Thür-)
LU	- Ludwigshafen/Rhein (RhPf)
LUK	- Luckenwalde (Brandenburg-)
LWL	- Ludwigslust (MeVo)
M	- München (Bayern)
MA	- Mannheim (BaWü)
MAB	- Marienberg (Sachs-)
MB	- Miesbach (Bayern)
MC	- Malchin (MeVo-)
MD	- Magdeburg (SaAn)
ME	- Mettmann (NrWe)
MEI	- Meißen (Sachs)
MEK	- Mittlerer Erzgebirgskreis (Sachs)
MER	- Merseburg (SaAn-)
MG	- Mönchengladbach (NrWe)
MGN	- Meiningen (Thür-)
MH	- Mülheim/Ruhr (NrWe)
MHL	- Mühlhausen (Thür-)
MI	- Minden-Lübbecke/Westfalen (NrWe)
MIL	- Miltenberg (Bayern)
MK	- Märkischer Kreis in Lüdenscheid (NrWe)
MKK	- Main Kinzig Kreis
ML	- Mansfelder Land (SaAn)
MM	- Memmingen (Bayern)
MN	- Unterallgäu in Mindelheim (Bayern)
MOL	- Märkisch-Oderland (Brandenburg)
MOS	- Neckar-Odenwald-Kreis in Mosbach (BaWü)

MR	- Marburg-Biedenkopf/Lahn (Hess)
MS	- Münster/Westfalen (NrWe)
MSP	- Main-Spessart-Kreis in Karlstadt (Bayern)
MST	- Mecklenburg-Strelitz (MeVo)
MTL	- Muldentalkreis (Sachsen) früher GRM
MTK	- Main-Taunus-Kreis in Hofheim (Hess)
Mü	- Mühldorf am Inn (Bayern)
MüR	- Müritz (MeVo)
MVL	- Mecklenburg-Vorpommern Landesre.& Landtag
MW	- Mittweida (Sachs)
MYK	- Mayen-Koblenz (RhPf)
MZ	- Mainz-Bingen und Mainz (RhPf)
MZG	- Merzig-Wadern (Saar)
N	- Nürnberg (Bayern)
NAU	- Nauen (Brandenburg-)
NB	- NeuBrandenburg (MeVo)
ND	- Neuburg-Schrobenhausen/Donau (Bayern)
NDH	- Nordhausen (Thür)
NE	- Neuss (NrWe)
NEA	- Neustadt-Bad Windsheim/Aisch (Bayern)
NEB	- Nebra/Unstrut (SaAn-)
NES	- Rhön-Grabfeld in Bad Neustadt/Saale (Bayern)
NEW	- Neustadt/Waldnaab (Bayern)
NF	- Nordfriesland in Husum (SlHo)
NH	- Neuhaus/Rennsteig (Thür-)
NI	- Nienburg/Weser (NiSa)
NK	- Neunkirchen/Saar (Saar)
NL	- Niedersachsen Landesregierung und Landtag
NM	- Neumarkt/Oberpfalz (Bayern)
NMB	- Naumburg/Saale (SaAn-)
NMS	- Neumünster (SlHo)
NOH	- Grafschaft Bentheim in Nordhorn (NiSa)

NOL	- Niederschlesischer Oberlausitzkreis (Sachs)
NOM	- Northeim (NiSa)
NP	- Neuruppin (Brandenburg-)
NR	- Neuwied/Rhein (RhPf)
NRW	- Nordrhein-Westfalen Landesregier. & Landtag
NU	- Neu-Ulm (Bayern)
NVP	- Nordvorpommern (MeVo)
NW	- Neustadt/Weinstraße (RhPf)
NWM	- Nordwestmecklenburg (MeVo)
NY	- Niesky (Sachs-)
NZ	- Neustrelitz (MeVo-)
OA	- Oberallgäu in Sonthofen (Bayern)
OAL	- Ostallgäu in Marktoberdorf (Bayern)
OB	- Oberhausen/Rheinland (NrWe)
OBG	- Osterburg (SaAn-)
OC	- Oschersleben (SaAn-)
OD	- Stormarn in Bad Oldesloe (SlHo)
OE	- Olpe (NrWe)
OF	- Offenbach/Main (Hess)
OG	- Ortenaukreis in Offenburg (BaWü)
OH	- Ostholstein in Eutin (SlHo)
OHA	- Osterode/Harz (NiSa)
OHV	- Oranienburg Oberhavel (Brandenburg)
OHZ	- Osterholz-Scharmbeck (NiSa)
OK	- Ohre-Kreis (SaAn)
OL	- Oldenburg (NiSa)
OPR	- Ostprignitz-Ruppin (Brandenburg)
OR	- Oranienburg (Brandenburg-)
OS	- Osnabrück (NiSa)
OSL	- Senftenberg - Oberspreewald-Lausitz OVL
OVP	- Ostvorpommern (MeVo)
OZ	- Oschatz (Sachs-)

P	- Potsdam (Brandenburg)
PA	- Passau (Bayern)
PAF	- Pfaffenhofen/Ilm (Bayern)
PAN	- Rottal-Inn in Pfarrkirchen (Bayern)
PB	- Paderborn (NrWe)
PCH	- Parchim (MeVo)
PE	- Peine (NiSa)
PER	- Perleberg (Brandenburg-)
PF	- Enzkreis und Pforzheim (BaWü)
PI	- Pinneberg (SlHo)
PIR	- Pirna - Sächsische Schweiz (Sachs)
PK	- Pritzwalk (Brandenburg-)
PL	- Plauen (Sachs)
PLö	- Plön/Holstein (SlHo)
PM	- Belzig - Potsdam-Mittelmark (Brandenburg)
PN	- Pössneck (Thür-)
PR	- Prignitz in Perleberg (Brandenburg)
PS	- Pirmasens (RhPf)
PW	- Pasewalk (MeVo-)
PZ	- Prenzlau (Brandenburg-)
QFT	- Querfurt (SaAn-)
QLB	- Quedlinburg (SaAn)
R	- Regensburg (Bayern)
RA	- Rastatt (BaWü)
RC	- Reichenbach/Vogtland (Sachs-)
RD	- Rendsburg-Eckernförde (SlHo)
RDG	- Ribnitz-Damgarten (MeVo-)
RE	- Recklinghausen in Marl (NrWe)
REG	- Regen (Bayernr. Wald) (Bayern)
RG	- Riesa-Großenhain (Sachs)
RH	- Roth/Rednitz (Bayern)
RIE	- Riesa (Sachs-)

```
RL    - Rochlitz (Sachs-)
RM    - Röbel/Müritz (MeVo-)
RN    - Rathenow (Brandenburg-)
RO    - Rosenheim (Bayern)
ROS   - Rostock/Landkreis (MeVo-)
ROW   - Rotenburg/Wümme (NiSa)
RPL   - Rheinland-Pfalz Landesregierung und Landtag
RP    - Rhein-Pfalz-Kreis (RhPf)
RS    - Remscheid (NrWe)
RSL   - Rosslau/Elbe (SaAn)
RT    - Reutlingen (BaWü)
RU    - Rudolstadt (Thür-)
RüD   - Rheingau-Taunus-Kreis in Rüdesheim (Hess)
RüG   - Rügen in Bergen (MeVo)
RV    - Ravensburg (BaWü)
RW    - Rottweil (BaWü)
RZ    - Herzogtum Lauenburg in Ratzeburg (SlHo)
S     - Stuttgart (BaWü)
SAD   - Schwandorf (Bayern)
SAL   - Saarland Landesregierung und Landtag
SAW   - Altmarkkreis - Salzwedel (SaAn)
SB    - Saarbrücken (Saar)
SBG   - Strasburg (MeVo-)
SBK   - Schönebeck/Elbe (SaAn)
SC    - Schwabach (Bayern)
SCZ   - Schleiz (Thür-)
SDH   - Sondershausen (Thür-)
SDL   - Stendal (SaAn)
SDT   - Schwedt/Oder (Brandenburg-)
SE    - Bad Segeberg (SlHo)
SEB   - Sebnitz (Sachs-)
SEE   - Seelow (Brandenburg-)
```

SFA	- Soltau-Fallingbostel (NiSa)
SFB	- Senftenberg (Brandenburg-)
SFT	- Stassfurt (SaAn-)
SG	- Solingen (NrWe)
SGH	- Sangerhausen (SaAn)
SH	- Schleswig-Holstein Landesregier. & Landtag
SHA	- Schwäbisch Hall (BaWü)
SHG	- Schaumburg in Stadthagen (NiSa)
SHK	- Saale-Holzlandkreis (Thür)
SHL	- Suhl (Thür)
SI	- Siegen (NrWe)
SIG	- Sigmaringen (BaWü)
SIM	- Rhein-Hunsrück-Kreis in Simmern (RhPf)
SK	- Saalkreis in Halle (SaAn)
SL	- Schleswig-Flensburg (SlHo)
SLF	- Saalfeld-Rudolstadt (Thür)
SLN	- Schmölln (Thür-)
SLS	- Saarlouis (Saar)
SLZ	- Bad Salzungen (Thür-)
SM	- Schmalkalden-Meiningen (Thür)
SN	- Schwerin (MeVo)
SO	- Soest (NrWe)
SOK	- Saale-Orla-Kreis (Thür)
SöM	- Sömmerda (Thür)
SON	- Sonneberg (Thür)
SP	- Speyer (RhPf)
SPB	- Spremberg (Brandenburg-)
SPN	- Spree-Neiße (Brandenburg)
SR	- Straubing-Bogen (Bayern)
SRB	- Strausberg (Brandenburg-)
SRO	- Stadtroda (Thür-)
ST	- Steinfurt (NrWe)

STA	- Starnberg (Bayern)
STB	- Sternberg (MeVo-)
STD	- Stade (NiSa)
STL	- Stollberg (Sachs)
SU	- Rhein-Sieg-Kreis in Siegburg (NrWe)
SüW	- Südl. Weinstraße in Landau (RhPf)
SW	- Schweinfurt (Bayern)
SZ	- Salzgitter (NiSa)
SZB	- Schwarzenberg (Sachs-)
TBB	- Main-Tauber-Kreis in Tauberbischofsheim
TET	- Teterow (MeVo-)
TF	- Teltow-Fläming (Brandenburg)
TG	- Torgau (Sachs-)
THL	- Thüringen Landesregierung und Landtag
TIR	- Tirschenreuth (Bayern)
TO	- Torgau-Oschatz (Sachs)
TöL	- Bad Tölz-Wolfratshausen (Bayern)
TP	- Templin/Uckermark (Brandenburg-)
TR	- Trier-Saarburg (RhPf)
TS	- Traunstein (Bayern)
Tü	- Tübingen (BaWü)
TUT	- Tuttlingen (BaWü)
UE	- Uelzen (NiSa)
UEM	- Ueckermünde (MeVo-)
UER	- Uecker-Randow (MeVo)
UH	- Unstrut-Hainich-Kreis (Thür)
UL	- Alb-Donau-Kreis und Ulm (BaWü)
UM	- Uckermark (Brandenburg)
UN	- Unna/Westfalen (NrWe)
V	- Vogtlandkreis - Plauen (Sachs)
VB	- Vogelsbergkreis in Lauterbach (Hess)
VEC	- Vechta (NiSa)

VER	- Verden/Aller (NiSa)
VIE	- Viersen (NrWe)
VK	- Völklingen (Saar)
VS	- Schwarzwald-Baar-Kreis (BaWü)
W	- Wuppertal (NrWe)
WAF	- Warendorf (NrWe)
WAK	- Wartburgkreis (Thür)
WB	- Wittenberg (SaAn)
WBS	- Worbis (Thür-)
WDA	- Werdau (Sachs-)
WE	- Weimar (Thür)
WEN	- Weiden/Oberpfalz (Bayern)
WES	- Kreis Wesel (NrWe)
WF	- Wolfenbüttel (NiSa)
WHV	- Wilhelmshaven (NiSa)
WI	- Wiesbaden (Hess)
WIL	- Bernkastel-Wittlich/Mosel (RhPf)
WIS	- Wismar/Landkreis (MeVo-)
WK	- Wittstock (Brandenburg-)
WL	- Harburg in Winsen/Luhe (NiSa)
WLG	- Wolgast/Usedom (MeVo-)
WM	- Weilheim-Schongau/OberBayern (Bayern)
WMS	- Wolmirstedt (SaAn-)
WN	- Rems-Murr-Kreis in Waiblingen (BaWü)
WND	- St. Wendel (Saar)
WO	- Worms (RhPf)
WOB	- Wolfsburg (NiSa)
WR	- Wernigerode (SaAn)
WRN	- Waren/Müritz (MeVo-)
WSF	- Weißenfels (SaAn)
WST	- Ammerland in Westerstede (NiSa)
WSW	- Weißwasser (Sachs-)

WT   - Waldshut-Tiengen (BaWü)
WTM   - Wittmund (NiSa)
Wü   - Würzburg (Bayern)
WUG   - Weißenburg-Gunzenhausen (Bayern)
WUN   - Wunsiedel (Bayern)
WUR   - Wurzen (Sachs-)
WW   - Westerwald in Montabaur (RhPf)
WZL   - Wanzleben (SaAn-)
X   - Bundeswehr für NATO-Hauptquartiere
Y   - Bundeswehr
Z   - Zwickauer Land (Sachs)
ZE   - Zerbst (SaAn-)
ZI   - Sächsischer Oberlausitzkreis Zittau (Sachs)
ZP   - Zschopau (Sachs-)
ZR   - Zeulenroda (Thür-)
ZS   - Zossen (Brandenburg-)
ZW   - Zweibrücken (RhPf)
ZZ   - Zeitz (SaAn-)

Sponsorenzettel

Firmenlogo

Name des Kindes:_____

Gesamtanzahl gelaufener Km:_____
Bestätigung durch:

Sponsorenliste:

Name	€/Km	Unterschrift	Gesamtsumme

Summe aller Sponsoren:_____

Abgegeben am:

Für: Den guten Zweck!

Auszug aus einem Artikel der Zeitung INSIDER in Osnabrück:

„Die Pferderetter von Osnabrück"

Tierfreunde kämpfen für misshandelte Vierbeiner

Vor wenigen Monaten beschloss Daniela A. Ben Said, sich ein Pferd zu kaufen. Sie fuhr guter Dinge zu einem Hof nach Ibbenbüren und freute sich auf einen neuen Stallgefährten für ihr Pony. Was sie jedoch auf dem Hof vorfand, sollte ihr Leben erst einmal gründlich verändern: Dreckige Ställe, unterernährte und verwahrloste Tiere boten ein erschütterndes Bild. Die Konsequenz: Daniela A. Ben Said kaufte an diesem Tag nicht ein weiteres Pony – sie kaufte drei. Sie suchte sich die Tiere aus, die am traurigsten und schwächsten wirkten und beschloss darüberhinaus, langfristig etwas zu unternehmen. Kurzerhand informierte sie das Veterinäramt sowie ihre Tierärztin, die den Hofbesitzer anzeigte und begann, die Tiere aufzupäppeln. „Die Ponys hätten definitiv keine 14 Tage mehr auf dem Hof überlebt", weiß sie heute. Dass Tim, Tom und Paul nach wenigen Wochen wieder fröhlich auf der Weide herumtollten, reichte der Tierliebhaberin allerdings noch nicht – sie wollte mehr bewegen. Dass der angezeigte Besitzer sie bedrohte und sie anfangs ganz allein dastand, auch das ließ die Osnabrückerin kalt. Sie suchte Verbündete und gründete schließlich mit ihnen am 29. April 2007 offiziell den Verein „Pferde in Not Osnabrück und Umgebung e.V.".

Die „Gründerponys" sind heute wieder wohlauf, dennoch gibt es genug zu tun für den Verein. Erst Mitte August retteten die Mitglieder wieder sechs Pferde vor dem Schlachthof. Das Engagement ist da, das Interesse der Bevölkerung auch – wie der gut besuchte „Tag der offenen Tür" kürzlich mit über 300 Gästen zeigte. Das Einzige, was nun noch fehlt, sind Menschen, die wirklich etwas bewirken wollen, die Geld zur Verfügung stellen und vielleicht auch mal eine Quarantänebox, in der ein krankes Pferd gesund werden kann. „Ganz platt gesagt! Wir brauchen Leute, die nicht nur reden, sondern wirklich etwas unternehmen, die Geld haben und damit etwas Gutes bewirken wollen", so Daniela A. Ben Said. „Wir selbst scheuen keine Mühen und investieren, was wir nur können, aber wir haben unsere Grenzen mittlerweile fast erreicht und da draußen gibt es noch viele Tiere, die unserer Hilfe benötigen."

Zudem will der Verein präventiv und beratend fungieren – damit die Leute wissen, was es bedeutet, ein Pferd zu halten, dass es nicht nur ein lebendiger Rasenmäher ist. „Wir wollen das Problem an der Wurzel packen und nicht mit der Tränendrüse arbeiten", erklärt der Vorstand des Vereins. „Oftmals sind der hohe Pflegeaufwand oder ein Leistungsabfall bei einem Zucht- oder Turnierpferd schon Grund genug für die Halter, das Tier zum Schlachter zu bringen – einfach, weil es nicht mehr viel Geld einbringt, obwohl es topfit ist. Wenn man sich jedoch die Mühe macht, die Tiere wieder aufzupäppeln können sie eine enorme Bereicherung für den Besitzer sein und geben einem schnell zurück, was man investiert." Denn: Böse sind die Tiere keineswegs. Selbst Pferde, die als unreitbar galten, konnten mit Hilfe der ambitionierten Frauen wieder zu zutraulichen Reitpferden gemacht werden.

Die Arbeit wirkt – sofern die finanziellen Mittel da sind. Helfen kann dabei jeder! Indem er die Augen aufhält, bei Tiermisshandlungen nicht wegschaut – und indem er Geld spendet; schon ab 80 Euro im Monat kann man eine Patenschaft für ein Pony übernehmen. Jede kleine Spende kann den Pferden zu einem besseren Leben verhelfen. „Ein kleiner Verlust für den Einzelnen – dass man zum Beispiel ein Essen im Restaurant mit einer Freundin weglässt und die gesparten 20,00€ spendet – kann uns enorm weiterhelfen", sagte Daniela A. Ben Said. Langfristiges Ziel ist ein funktionierender Kreislauf, bei dem bedürftige Tiere gekauft, aufgepäppelt und schließlich weitervermittelt werden. Mit einem Schutzvertrag sichert sich die Initiative ab, dass die Tiere nicht wieder aus Profitgier verkauft werden, mit regelmäßigen Besuchen kontrolliert sie die gute Behandlung. „Unser größter Traum ist, dass wir eine Millionen Euro gewinnen", so Ben Said einstimmig für den Vorstand des Vereins. „Dann würden wir einen Gnadenhof kaufen, dort ganz viele verwahrloste Tiere aufnehmen, uns den ganzen Tag um sie kümmern und Schulungen geben. Wenn wir könnten, würden wir den ganzen Tag in Reiterhosen herumlaufen."

www.pferde-in-not-os.de

Ich danke Ihnen für Ihre Unterstützung. Von jedem verkauften Buch geht 1,00 € für den Verein „Pferde in Not Osnabrück und Umgebung e.V.!"

Danksagung

Ich danke meinem Mann Hanno Plaßmeyer, meiner Familie, Claudia Glunz, meinen Mitarbeitern und meinem Verleger, Alfred Büngen.

Danke an die Universität Osnabrück!

Besonderer Dank gebührt auch meinen Seminarteilnehmern/Innen und KundenInnen, die mir immer wieder neue und kreative Ideen zukommen lassen.

Ich danke von Herzen der Familie Hüdepohl in Bissendorf. „Danke für die tolle Versorgung von Betti, Erich, Titus, Tim, Tom, Paul und Tim. Danke auch für die tollen Feiern, den unkomplizierten Umgang miteinander UND ... den leckersten Kartoffelpuffer auf dieser Erde!"

Quellen für Ideen und Anregungen

Das Internet:
www.zitate.net
www.kindergarten-workshop.de
www.wikipedia.de
www.checklisten.com
www.einfach-autos.de
www.infoquelle.de
www.kindundgesundheit.de
www.katholisch.de

Daniel Zanetti – Kundenverblüffung

Lothar J. Seiwert – 30 Minuten für mehr Kundenbegeisterung

Gespräche mit Menschen
Mein Institut Quid agis*
Meine eigenen Erfahrungen als Verkäufer!
Meine eigenen Erfahrungen als Kunde!

Daniela A. Ben Said wurde am 20.04.1974 im Raum Osnabrück geboren.
Das „Energiebündel ohne Grenzen" gilt als eine der authentischsten Trainerinnen Deutschlands.

1998 gründete sie das Institut für Management Coaching „Quid agis". Ihr Wissen basiert auf einem Studium zur Psychologie, einer Ausbildung zur Heilpraktikerin (Psychotherapie), zahlreichen Zusatzqualifikationen in den Bereichen NLP, Transaktionsanalyse, Hypnose, Kinesiologie und besonders aus Erfahrungen der Praxis mit mehr als 200 Seminartagen pro Jahr.
Namhafte Unternehmen lassen ihre Mitarbeiter von Daniela A. Ben Said schulen und trainieren.
Mittlerweile bildet Ben Said selbst Business-Trainer mit höchstmöglicher Qualifikation und staatlicher Überprüfung aus!
In ihrem ersten Buch „Das Wüstenseminar" fährt sie mit einer Gruppe von Managern in die Wüste. „Das Märchenseminar" ist ihr zweites Buch.
Ihre Seminare und ihre Bücher basieren auf Zwischenmenschlichkeit, Ehrlichkeit, Vertrauen und menschlicher Wertschätzung.

Lassen Sie sich begeistern von der überraschendsten Trainerin Deutschlands.

Quid agis*
Institut für Management-Coaching
Akademie für Ausbildungen
Praxis für psychologische Beratung
Am Hilgenstein 15
49124 Georgsmarienhütte

T: 0 54 01 – 362 400
www.quid-agis.de

Daniela A. Ben Said
Das Wüstenseminar.
Persönlichkeitstraining
für alle (Lebens-)
Manager.
Vechta-Langförden:
Geest-Verlag, 2005
ISBN 3-937844-59-7
10 Euro

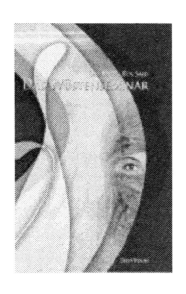

Das beste Geschenk, das
einem Menschen gegeben
werden kann, ist ein zu-
friedenes Leben .. Der
Chef eines Unternehmens
will seinen Mitarbeitern ein besonderes Dankeschön geben. Aus jeder Abteilung wird ein Mitarbeiter ausge-
wählt, der das 'Wüstenseminar' mit der Leiterin Janette
Ben Salem besuchen darf. Verschiedene Mitarbeiter mit
unterschiedlichen Charakteren erleben ein Seminar, in
welchem es darum geht, ein glückliches und zufriedenes
Leben zu führen. Die Besonderheit der Wüste ist der
ideale Hintergrund, um zu erklären, was wir Menschen
im Leben brauchen, um wirklich glücklich zu sein! Erleben Sie ein Persönlichkeitstraining der besonderen Art.
Die Reise in die Wüste die Reise in das eigene ich. Finden Sie die Antwort auf die Frage, wie Sie innere Ruhe
und Zufriedenheit finden! Leben Sie erfolgreich - das
bedeutet unver-WÜST-lich! Dieses Buch wird Sie bewegen ... Versprochen!